Strafjustiz für Nicht-Juristen

Albrecht Lüthke · Ingo Müller

Strafjustiz für Nicht-Juristen

Ein Ratgeber für Schöffen, Pädagogen, Sozialarbeiter und andere Interessierte

4., aktualisierte Auflage

 Springer VS

Albrecht Lüthke
Graal-Müritz, Deutschland

Ingo Müller
Berlin, Deutschland

ISBN 978-3-658-24226-8   ISBN 978-3-658-24227-5   (eBook)
https://doi.org/10.1007/978-3-658-24227-5

Die Deutsche Nationalbibliothek verzeichnet diese Publikation in der Deutschen National-
bibliografie; detaillierte bibliografische Daten sind im Internet über http://dnb.d-nb.de abrufbar.

Springer VS

Springer VS ist ein Imprint der eingetragenen Gesellschaft Springer Fachmedien Wiesbaden GmbH
und ist ein Teil von Springer Nature
Die Anschrift der Gesellschaft ist: Abraham-Lincoln-Str. 46, 65189 Wiesbaden, Germany

Inhalt

„… wo uns Gerechtigkeit unerreichbar wurde"
Einführung von Gerhard Mauz

Xavier Lhomond, ein französischer Richter, fühlt sich müde an diesem Abend. Er brütet eine Grippe aus. Eine Schwurgerichtsverhandlung, die er zu leiten hat, steht ihm am nächsten Tag bevor. Nebenan stöhnt seine Frau in ihrem Schlafzimmer. Seit fünf Jahren ist sie krank, verlässt sie das Bett nicht mehr. Über Tag wird sie von der Köchin betreut Vom Abend an versorgt sie der Richter. Verkrampft und fahrig hat er die Medizinflasche umgeworfen, in der sich das Medikament befindet, das er seiner Frau zu verabreichen hat, wenn sie einen ihrer Anfälle bekommt.

Die Flasche ist zerbrochen, natürlich bekommt die Frau des Richters wieder einen Anfall. Er muss in die Apotheke und eine neue Flasche holen. Es lohnt nicht den Wagen aus der Garage zu holen, er geht zu Fuß und wird gründlich nass. denn es regnet und stürmt so sehr; dass sich die Bäume biegen.

Er geht rasch, die Hände in den Taschen, ärgerlich, dass er seine Pfeife vergessen hat, und unwillkürlich denkt er an den Mann, gegen den am nächsten Tag verhandelt werden wird; an den Mann, der im Gefängnis auf sein Urteil wartet.

Die Läden der Apotheke sind geschlossen, aber der Richter kennt ja seit Langem den kleinen weißen Knopf unter der Aufschrift „Nachtglocke" an der Tür. Er drückt ihn und wartet, minutenlang, der Regen ist in Schneeregen übergegangen. Der Richter läutet zum dritten Mal, er tritt bis zur Mitte der Straße zurück, um die Fenster im ersten Stock zu überblicken, hinter denen der Apotheker wohnt. Kein Licht. Doch es ist ausgeschlossen, dass der alte Herr und seine Frau nicht zu Hause sind, sie gehen abends nicht mehr aus. In eine andere Apotheke kann der Richter nicht gehen, er hat das Rezept nicht bei sich.

Nur ein einziges rotschimmerndes Licht ist in der Dunkelheit zu sehen, an der Straßenecke, an der Kreuzung. Dort ist eine Bar. Er geht hinüber, tritt in den schummerigen, verrauchten Raum, bittet um eine Telefonmarke, ruft den Apotheker an und sagt, als dieser sich meldet, was zu sagen ist. Er verlässt die Bar, in die er vorher noch nie einen Fuß hineingesetzt hat, die er aber aus Polizeiberichten kennt.

Als er auf die Straße tritt, stößt er fast mit einem Mann und einer Frau zusammen, die, jeder mit einem Regenschirm in der Hand, vorbeigehen. Er entschuldigt sich. Erst als sich der Mann nach ein paar Schritten umdreht, erkennt er in ihm den Gerichtsrat, der am nächsten Tag in der Verhandlung sein zweiter Beisitzer sein wird. Der Mann und die Frau haben auf seine Entschuldigung nicht reagiert, ihn nicht gegrüßt. Das ist sonderbar. Vielleicht hat ihn der Gerichtsrat nicht erkannt? Aber warum hat er sich dann zu seiner Frau hinübergebeugt, sich ein paar Meter weiter verstohlen umgesehen?

Über der Apotheke ist jetzt der erste Stock erleuchtet, auch unten in der Apotheke schimmert Licht. Der Apotheker ist heruntergekommen. Er begreift nicht, dass er und seine Frau nichts gehört haben. Vielleicht sind die Batterien verbraucht. Er wird sie am nächsten Tag nachsehen lassen.

„Habe ich Ihnen das Medikament nicht erst letzte Woche gemacht?", fragt der Apotheker, während er die Arznei mischt. Der Richter erklärt, er habe die Flasche fallen lassen, sie ist zerbrochen. Wieder zu Hause hält er die Flasche über das Wasserglas auf dem Nachttisch neben dem Bett seiner Frau. Er zählt „neun, zehn, elf, zwölf". Genau zwölf Tropfen müssen es sein. Das Medikament enthält Strychnin.

Am Morgen des nächsten Tages, bevor er sich auf den Weg macht, trinkt der Richter einen Kognak, die Erkältung ist schlimmer geworden. Im Gericht begegnet ihm der Gerichtsrat, der schon seine Robe angelegt hat, und der ihn anders als sonst ansieht, neugierig und auch mitleidig. Dem Richter fällt die Begegnung in der vergangenen Nacht ein. Stellt sich der Gerichtsrat etwa vor, er, der Richter, hätte. …

Er setzt schon dazu an, eine Erklärung zu geben, sagt dann aber doch nichts, es wäre doch lächerlich und würde alles nur schlimmer machen. Als ihm sein Schreiber in die Robe hilft, meint der Richter, dass auch der ihn anders ansieht als sonst, mit einem Ausdruck bekümmerter Verwunderung. Er ist erkältet, er hat einen Kognak getrunken. Soll er sagen, dass er meint, er bekomme eine Grippe? Er sagt nichts.

Der Prozeß beginnt, eine Strafsache, bei der dem Richter unbehaglich ist. Die Akte des Untersuchungsrichters und die Anklage haben ihn nicht überzeugt. Nach der Mittagspause, auf dem Weg ins Beratungszimmer, in dem er seine Robe und sein Barett gelassen hat, hört er hinter einer Tür die Stimme des Oberstaatsanwalts, eine salbungsvolle Stimme: „Mich, mein Lieber, überrascht nur, dass ihm das nicht schon früher passiert ist." Der Richter bleibt ärgerlich stehen und hört noch einen zweiten Satz, der unmißverständlich auf ihn, den Richter, weist: „Bei dem Leben, das seine Frau ihm seit Jahren bereitet. …"

Der Richter stößt die Tür auf, er steht dem Oberstaatsanwalt und dem Gerichtsrat gegenüber, der für einen Augenblick die Fassung verliert. Sekundenlang ist der Richter versucht, sich zu erklären: Dass er vergangene Nacht zum ersten Mal in der Bar war, nicht um zu trinken, sondern um den Apotheker anzurufen, dessen

Nachtglocke nicht funktionierte. Soll er nicht auch sagen, dass er nur deshalb am Morgen nach Alkohol gerochen hat, weil er ihn gegen seine Erkältung und gegen eine drohende Grippe getrunken hat? Er sagt nichts. Die Sitzung zieht sich über den Nachmittag bis zum Abend hin. Doch plötzlich überkommt den Richter, während gegen einen des Mordes beschuldigten Mann verhandelt wird, der die Anklage bestreitet und gegen den widersprüchliche Indizien bestehen, die Frage, was denn er und seine Mitrichter wirklich über den Mann wissen, der angeklagt ist, und die Frau, die getötet worden ist.

In der vergangenen Nacht hat der Gerichtsrat, der neben ihm sitzt, ein Urteil über ihn, den Richter, gefällt, als er ihn aus der Bar kommen sah. Lhomond hat angefangen zu trinken, wird es nun heißen, denn auch der Schreiber hat ein seltsames Gesicht gemacht, als er ihm in die Robe half und den Kognak roch. „Bei dem Leben, das seine Frau ihm seit Jahren bereitet ..." – was würden die Menschen sagen, wenn sie wüßten, was ihm mit der Arzneiflasche passiert ist, wenn seine Frau an diesem Nachmittag, jetzt, während er sich im Gericht aufhält, sterben würde?

Wird sich nicht der Hausarzt daran erinnern, daß der Richter ihn einmal nach dem Strychnin in der Arznei gefragt hat? Und wird nicht der redliche Apotheker sich daran erinnern müssen, dass der Richter ihn aufgeweckt hat, um sich nochmals die gleiche Medizin herstellen zu lassen, die er erst vor zwei Tagen geholt hat?

So beginnt, hier kunstlos und verkürzt nacherzählt, der Roman „Die Zeugen" von Georges Simenon (Diogenes Taschenbuch 20683), ein Buch, das jeder lesen sollte, dem es widerfährt, als Mensch über Menschen urteilen zu müssen. Das Zusammenleben braucht Spielregeln. Man nennt sie Gesetze. Das klingt erhaben. Das vermittelt das beruhigende Gefühl, man halte sich an göttliche Gebote, die von Moses vom Berg herabgebracht wurden, und noch dazu in Stein gehauen. Doch mit Gott haben die Gesetze genannten Spielregeln nichts zu tun.

Martin Beradt, der Berliner Rechtsanwalt, der 1939 emigrieren mußte und 1949 in New York starb, definierte in seiner 1930 erschienenen Schrift „Der deutsche Richter" die Relativität aller Rechtssysteme: „Das Recht ist ein vergängliches Gebilde ohne Selbstzweck, nur ein Mittel, Mittel zur Erhaltung eines verworrenen Gefüges." Das Recht kann nicht mehr, so Beradt, als versuchen, „ein leidliches Zusammenleben zu erreichen".

Und Werner Sarstedt, Vorsitzender Richter eines Strafsenats beim BGH und nach seinem Ausscheiden aus Altersgründen Strafverteidiger, hat das auf seine Weise ausgedrückt:

„Aber die Rechtsgeschichte und die Rechtsvergleichung belehren uns, dass jede der Verhaltensweisen, die hier und heute bei Strafe verboten sind, irgendwo zu irgendeiner Zeit schon einmal bei Strafe geboten gewesen sind. Es ist nichts mit dem ewigen Recht, das jedem Gutwilligen bei hinreichender Anspannung seines

Gewissens von oben herab offenbar würde. Gerade diese Vorstellung ist besonders gefährlich, sie führt besonders leicht in menschliche Hybris und in eine Auffassung und Anwendung des Rechts, die dann später für ganz und gar unerträgliches Unrecht gehalten wird."

Xavier Lhomond, der Richter in Simenons „Die Zeugen", gerät jählings aus seinem Privatleben heraus an die Grenze, die er bislang in seinem Beruf noch nicht bemerkt hat. Er muss entdecken, wie schnell und unbegründet Verdacht aufflackern und furchtbare Konsequenzen haben kann. Er spürt, dass das Urteilen von Menschen über Menschen eine Ungeheuerlichkeit ist. Für ihn brechen alle Versatzstücke weg, die Gesetze und die Verfahrensregeln, die ihm bis dahin den Blick auf diese Grenze erspart haben. Er sieht sich einer persönlichen Verantwortung gegenüber, die ihm von niemandem abgenommen werden kann, die ihm nicht einmal erleichtert wird durch die Organisation des Strafverfahrens, in der er doch „nur" eine Rolle wahrnimmt.

Darüber kann es keinen Streit geben. Das „leidliche Zusammenleben", das durch das Strafrecht erreicht werden soll, verlangt Spielregeln. Man stelle sich ein Fußballspiel vor, in dem es das Foul nicht mehr gibt. Es muss Regeln geben. Und es muss Reaktionen auf Verstöße gegen diese Regeln geben. Die Hoffnung, dass die rote Karte für ein Foul dazu beiträgt, andere Spieler von der Begehung von Fouls abzuhalten, wird kein Schiedsrichter haben; allenfalls für das gerade stattfindende Spiel mag sie abschreckend wirken, weil die Karte signalisiert, dass dieser Schiedsrichter streng ist.

Doch es ist auch möglich, dass der Schiedsrichter einen schwerwiegenden Regelverstoß feststellt, der bei näherer Betrachtung – auf dem Bildschirm – keiner war, oder der zumindest gelinder hätte geahndet werden müssen als durch eine rote Karte.

Auch Entscheidungen auf dem Sportplatz haben Folgen. Die sind freilich nicht mit den Auswirkungen strafrechtlicher Urteile zu vergleichen. Jedes Strafurteil greift in ein Schicksal ein, wenn es nicht gar das Schicksal ist. Es ist eine Last, Schöffin oder Schöffe zu sein. Und es gibt nichts „Höheres", woraus Schöffin oder Schöffe ihre Entscheidung herleiten oder womit sie diese abstützen könnten. Sie spielen nicht etwa nur eine Rolle im Strafprozess: Das Urteil, an dem sie mitwirken, ist ihr Urteil, auch wenn sie nur mit einer Stimme zu ihm beitragen.

Trotzdem ist jede und jeder dazu zu ermutigen, Schöffin oder Schöffe zu werden. Urteile werden „Im Namen des Volkes" verkündet. Die Laien im Gericht erinnern die Justiz daran. Es ist nicht Sache der Gerichte, ein Urteil zu finden, mit dem die überwiegende Mehrheit der Bundesbürger einverstanden ist. Schöffin und Schöffe mahnen nicht, die Mehrheit der Bevölkerung zu berücksichtigen. Sie sitzen im Gericht und können daran erinnern, dass jeder im Gericht für sich selbst zu entscheiden hat: für die Verantwortung, die ihm auferlegt ist.

Die Juristen tun sich damit mitunter schwer. Nicht selten sind Gesetze, Rechtsprechung und Strafprozessordnung für sie ein Wall geworden, durch den die Menschen, über die sie zu befinden haben, sie nicht mehr erreichen. Für Simenons Richter ist dieser Wall unversehens verschwunden. Rat- und schutzlos steht er plötzlich da – in einem Roman. ...

Alles, was die Schöffin und den Schöffen unterstützten kann bei der Wahrnehmung einer oft unerträglichen Aufgabe, findet sich in diesem Buch. Dass ein Journalist es einleitet, macht Sinn, denn gerade der Journalist muss hier etwas zu seinem Beruf und der Situation dieses Berufes sagen.

Das multimediale Zeitalter ist hereingebrochen. Der Bildschirm regiert. Das gedruckte Medium sucht noch seinen Platz in dieser völlig veränderten Welt. Es ist noch nicht zu erkennen, wie das Produkt, das gelesen werden muss, sich behaupten kann.

Wer liest, muss sich selbst ein Bild von dem machen, was er liest. Wer sieht, bekommt Bilder gemacht – Bilder, die zwar durch ein Objektiv entstehen, die jedoch noch subjektiver sind als der gedruckte Text. Diese Bilder vermitteln das Gefühl, man sei nun bei dem dabei, was vorgeführt wird, und so könne man sich endlich eine eigene Meinung bilden. Doch die Subjektivität des gedruckten Wortes ist augenfällig, die Auswahl, die der gedruckte Text vornimmt, springt ins Auge. Man kann sich ihm widersetzen, ihm entziehen, beispielsweise, indem man ihn nicht nur einmal, sondern noch einmal liest, um – eben – sich selbst ein Bild zu machen.

Kardinal Spellmann soll, als er zum zweiten Mal nach New York kam, von einem schreibenden Journalisten gefragt worden sein: „Herr Kardinal, werden Sie auch ein Bordell besuchen?" Der dialektisch geschulte Kardinal fragte zurück: „Gibt es in New York ein Bordell?" Am nächsten Tag erschien eine Zeitung mit großer Aufmachung auf der ersten Seite: „Kardinal Spellmanns erste Frage: Gibt es in New York ein Bordell?"

Auch der Journalist, der gedruckt wird, ist räudiger Taten fähig. Aber der Leser hat ihn in der Hand, buchstäblich. Was auf dem Bildschirm erscheint, ist geschnitten, eine knappe, kurze Auswahl aus vielen Bildmetern. Da genügt ein Bild des Angeklagten, der sein Gesicht im Gerichtssaal hinter einer Akte zu schützen trachtet. „Er verbirgt sein Gesicht", heißt es in der Moderation. Und es heißt: „Der Angeklagte leugnet", wo gesagt werden müsste, dass der Angeklagte bestreitet, was ihm vorgeworfen wird.

Das multimediale Zeitalter hat sich der Justiz in den Vereinigten Staaten schon völlig bemächtigt. Im Kampf zwischen dem Informationsanspruch der Öffentlichkeit und der Fairness des Strafverfahrens hat das Recht auf Information gesiegt. Der Angeklagte, den die Direktübertragung aus der Verhandlung irritiert, hat

nachzuweisen, dass seine Rechte missachtet wurden und dass ihm ein – nachzu-
weisender – Schaden entstanden ist.

Zeugen treten, bevor sie im Rahmen der Ermittlungen gehört wurden, im
Fernsehen auf, natürlich gegen Geld. Fernsehprogramme nehmen Partei weit vor
der Anklageerhebung und erst recht natürlich während des Prozesses, vor allem
wenn er nicht direkt übertragen wird. Dann veranstalten sie Meinungsbefragungen
und senden, wieviele den Angeklagten für schuldig halten und wie hoch er nach
Meinung derer, die ihn für schuldig halten, zu bestrafen ist.

Die Direktübertragung ist eine Komposition. Die Kamera zeigt beispielsweise
nicht den Zeugen, der gerade aussagt, sondern den Angeklagten oder seine Freundin
im Saal und deren Reaktionen auf die Aussage. Es wird nicht die Staatsanwältin
gezeigt, die einen Einspruch begründet, sondern ein Mitglied der Verteidigung, das
abfällig und höhnisch auf diese Ausführungen reagiert. Die totale Öffentlichkeit
des Strafverfahrens liefert die Beteiligten Versuchungen vielfältiger Art aus. Wer als
Zeuge auftritt, ist eine Person, für die sich die ganze Nation interessiert, je lebhafter
seine Aussage ist im Inhalt, desto mehr. Er wird in Talkshows geladen, er kann
an den Wochenenden auf Kreuzfahrten vor der Küste mit den Passagieren noch
Monate nach dem Freispruch Simpson-Prozeß spielen, er kann ein Buch schreiben,
ist er Schauspieler, bekommt er Rollen angeboten und jeder macht Geld, Geld, Geld.

Über den Simpson-Prozeß haben sogar Geschworene, die während des Verfahrens
aus der Jury ausscheiden mussten, Bücher veröffentlicht. Und selbstverständlich
erscheinen auch Bü cher der Verteidiger, der Staatsanwälte und von Jurymitgliedern.
Die Vorschüsse, die dafür gezahlt werden, erreichen Millionenbeträge.

Die Unschuldsvermutung wird beschädigt von der totalen Öffentlichkeit, oder
genauer: ruiniert. Und noch lukrativer ist es im multimedialen Zeitalter, wenn sich
eine Front pro und eine Front contra schaffen lässt. Denn so kann man ja auch nach
dem Urteil die Auseinandersetzung fortführen. Ob das Urteil tatsächlich bedenklich ist oder nicht, spielt dabei keine Rolle. Eine sachliche Auseinandersetzung mit
der Gerichtserkenntnis ist nicht mehr möglich. So vorbereitet wie die Pro- und
Contra-Konstellation ist, gibt es dafür keinen Raum mehr.

Der Unterhaltungswert der Strafjustiz ist im multimedialen Zeitalter unüber-
bietbar. Dass die Einschaltquoten sinken, während die DNA-Untersuchungen
der Blutspuren vorgetragen, erläutert und diskutiert werden, hat man längst
abzufangen gelernt. Ein Streitgespräch, höchst kontrovers, zwischen Professoren,
Verteidigern und anderen Experten wird eingeschoben, bis endlich der langweilige
Kram vorüber ist.

In der Bundesrepublik ist sich die Strafjustiz dessen noch nicht bewusst, dass
sie sich überlegen muss, wie sie in der Multimediawelt existieren kann, ohne zum
Pranger zu werden und zu einer willkommenen Einnahmequelle. Simpson ist nicht

so fern, wie man sich zu meinen gestattet. Gerichte ziehen schon heute zweimal am ersten Tag in den Saal, einmal für die Kameras des Fernsehens und die Fotoapparate, ein zweites Mal tatsächlich zum Beginn der Verhandlung. Es hat auch schon drei Einmärsche gegeben, wenn etwas mit der Beleuchtung nicht nach Wunsch war. Auch in der Bundesrepublik haben schon Zeugen und Sachverständige vor dem Auftritt im Gerichtssaal im Fernsehen „ausgesagt". In der Hauptverhandlung waren sie später wertlos. Die Prozessführung über die Medien entwickelt sich immer massiver zu einem festen Bestandteil des sogenannten Rechtslebens. Dabei konkurrieren Staatsanwälte und Verteidiger, wobei die Staatsanwaltschaften derzeit sogar einen gewissen Vorsprung haben. Für Informationen von ihnen und Unterrichtung durch sie muss man nicht bezahlen.

Für die Schöffen und den Schöffen ist diese Entwicklung eine zusätzliche, neue Belastung. Wie bewahrt man sich vor den Pressure-Groups, die schon weit vor Anklageerhebung und dann in die Hauptverhandlung hinein die von ihnen als Ergebnis gewünschte Darstellung verbreiten? Die Schöffin und der Schöffe leben in einem Umfeld, in dem sie angesprochen werden auf ihre ehrenamtliche Tätigkeit, sie können sich dem, was zu lesen, zu hören und zu sehen ist, nicht entziehen. Noch mehr als bisher ist es ihre Person, die sich zu behaupten und ihrer Verantwortung bewusst zu sein hat.

Sling, der legendäre Gerichtsberichterstatter der 20er Jahre in Berlin, hat einmal geschrieben: „An manchem Spruch ist schon die Frau des Geschworenen tiefer beteiligt gewesen als der Geschworene selbst." Das trifft zu, ist aber heute, inmitten eines Medienzirkus, in dem die Strafjustiz immer öfter, sozusagen als dressierter Elefant, zu entdecken ist, nicht ausreichend. Die Einwirkung auf die Schöffin und den Schöffen geht inzwischen weit über den Einfluss des Lebenspartners hinaus.

Diesem Buch geht auch Kurt Tucholskys „Merkblatt für Geschworene" voran, ein Kleinod unter den Texten, die sich mit der Justiz befassen. Tucholsky ist Jurist gewesen, was er schrieb, hat auch heute noch seinen Rang. Freilich – Tucholsky, hätte er diese Gegenwart noch erlebt, würde böser schreiben. Nach den Jahren unter Hitler kann man über die Justiz nicht mehr schreiben, wie das bis 1933 auch im größten Zorn noch möglich war.

Es war zu lernen, dass es nicht nur eine literarische These ist, dass der Mensch zu allem fähig sein kann. Es musste begriffen werden, dass jeder Mensch zu Taten imstande ist, die unfassbar sind. Dass einer mittags an der Rampe „selektieren" kann und Menschen ins Gas schicken – und abends mit seiner Frau und seinen Kindern Weihnachtslieder singen.

Und gerade die Justiz hat von 1933 bis 1945 vorgeführt, was sich aus ihr machen und wozu sie sich benutzen läßt. Im Dritten Reich ist in Deutschland die „Rassenschande" als „widernatürlicher" Angriff auf ein Rechtsgut höchsten Ranges, als ein

Verbrechen „wider die Reinheit des deutschen Blutes" mit der Zuchthausstrafe, mit dem Konzentrationslager und sogar mit dem Fallbeil verfolgt worden.

Wer sich als „Fremdrassiger" an der Reinheit des deutschen Blutes verging, der schlug mit seinem „rassenschänderischen Treiben … dem völkischen Empfinden des deutschen Volkes ins Gesicht". Damals gingen Richter und Staatsanwälte ins Gericht und praktizierten diesen Wahnsinn so, wie andere ins Gericht gingen, um Betrug zu verfolgen und zu richten.

Der französische Religionsphilosoph Blaise Pascal (1623– 1662) schrieb: „*Du man die Gerechtigkeit nicht fand, hat man die Macht gefunden*" Wie total sich die Macht der Justiz bemächtigen kann, haben erst die Jahre von 1933 bis 1945 gelehrt.

Noch eine, die letzte Last, die der Schöffin und dem Schöffen auferlegt wird. Adolf Arndt, der große Jurist, hat es in seinem Vortrag über das „Strafrecht in einer offenen Gesellschaft" 1968 gesagt: „*Die* Frage des Strafens entsteht dort, wo die Welt nicht mehr heil ist, weil von Menschenhand ein Unheil geschah, das sich von Menschenhand nicht wieder heilmachen lässt. Die Frage des Strafens erhebt sich vor uns dort, wo uns Gerechtigkeit unerreichbar wurde."

Die Angehörigen von Menschen, die einer Tat zum Opfer fielen, die Menschen, die eine Tat für ihr Leben gezeichnet überlebten, bedürfen der Hilfe. Die Schöffen und der Schöffe sollten darauf dringen und daran mitwirken, dass wenigstens die mündliche Urteilsbegründung ihnen erklärt, warum das Gericht so und nicht anders entschied. Und wenn das Urteil dem Verurteilten noch eine Chance einräumt, sollte wenigstens die mündliche Begründung um diese Menschen, um ihr Verständnis werben. Es genügt nicht, wenn die Höchststrafe verhängt wird, von einer Tat „auf tiefster sittlicher Stufe" zu sprechen oder den Verurteilten ein „Tier in Menschengestalt" zu nennen. Das hilft den Menschen nicht, die einen Angehörigen verloren haben und auch nicht denen, die gezeichnet überlebten. Das überantwortet sie endgültig und ausweglos dem Schmerz und der Verzweiflung.

Man muss die Familien der Opfer und die versehrt überlebenden Opfer darum bitten und ihnen dabei helfen, weiterzuleben. Und dazu gehört, dass man auch den Tätern beisteht, damit sie eine Last tragen können, die nie von ihnen genommen werden wird, solange sie leben. Wenn man sie unter Verachtung begräbt, zwingt man sie in einen Widerstand, der es ihnen unmöglich macht, ihre Tat zu erkennen und auf sich zu nehmen.

Am Ende der Begründung des Lebenslang für einen Mann, der zwei junge Mädchen getötet hatte, eine Tat, zu der beigetragen hatte, dass man ihn länger als zehn Jahre ins Zuchthaus sperrte in der blöden Annahme, „geregelte Arbeit" werde ihn lehren, sein krankes Triebleben zu beherrschen, sagte der Vorsitzende Richter, im Namen des Gerichts habe er dem Verurteilten zu sagen, dass es ihn als Menschen bedauere. Es war danach totenstill im Gerichtssaal. Niemand begehrte auf.

Merkblatt für Geschworene
Ein „Vorwort" von Kurt Tucholsky
aus dem Jahre 1929.

Nachdruck erbeten

Wenn du Geschworener bist, dann glaube nicht, *du seist der liebe* Gott. Daß du neben dem Richter sitzt und der Angeklagte vor euch steht, ist Zufall – es könnte ebenso gut umgekehrt sein.

Wenn du Geschworener bist, gib dir darüber Rechenschaft, daß jeder Mensch von Äußerlichkeiten gefangen genommen wird – du auch. Ein Angeklagter mit langen Haaren, der beim Sprechen sabbert, ist keine angenehme Erscheinung; lasse ihn das nicht entgelten.

Wenn du Geschworener bist, denk immer daran, daß dieser Angeklagte dort nicht der erste und einzige seiner Art ist, tagtäglich stehen solche Fälle vor anderen Geschworenen; fall also nicht aus den Wolken, daß jemand etwas Schändliches begangen hat, auch wenn du in deiner Bekanntschaft solchen Fall noch nicht erlebt hast.

Jedes Verbrechen hat zwei Grundlagen: die biologische Veranlagung eines Menschen und das soziale Milieu, in dem er lebt. Wo die moralische Schuld anfängt, kannst du fast niemals beurteilen – niemand von uns kann das, es sei denn ein geübter Psychoanalytiker oder ein sehr weiser Beicht-Priester. Du bist nur Geschworener: strafe nicht – sondern schütze die Gesellschaft vor Rechtsbrechern.

Bevor du als Geschworener fungierst, versuche mit allen Mitteln, ein Gefängnis oder Zuchthaus zu besichtigen; die Erlaubnis ist nicht leicht zu erlangen, aber man bekommt sie. Gib dir genau Rechenschaft, wie die Strafe aussieht, die du verhängst – versuche, mit ehemaligen Strafgefangenen zu sprechen und lies: Max Hölz, Karl Plättner und sonstige Gefängnis- und Zuchthauserinnerungen. Dann erst sage deinen Spruch.

Wenn du Geschworener bist, laß nicht die Anschauung deiner Klasse und deiner Kreise als die allein mögliche gelten. Es gibt auch andre – vielleicht schlechtere, vielleicht bessere, jedenfalls andre.

Glaub nicht an die abschreckende Wirkung eures Spruchs; eine solche Abschreckung gibt es nicht. Noch niemals hat sich ein Täter durch angedrohte Strafen abhalten lassen, etwas auszufressen. Glaub ja nicht, daß du oder die Richter die

Aufgabe hätten, eine Untat zu sühnen- das überlass den himmlischen Instanzen. Du hast nur, nur, nur die Gesellschaft zu schützen. Die Absperrung des Täters von der Gesellschaft ist ein zeitlicher Schutz.

Wenn du Geschworener bist, vergewissere dich vor der Sitzung über die Rechte, die du hast: Fragerecht an den Zeugen und so fort.

Die Beweisaufnahme reißt oft das Privatleben fremder Menschen vor dir auf. Bedenke: – wenn man deine Briefe, deine Gespräche, deine kleinen Liebesabenteuer und deine Ehezerwürfnisse vor fremden Menschen ausbreitete, sähen sie ganz anders aus, als sie in Wirklichkeit sind. Nimm nicht jedes Wort gleich tragisch – wir reden alle mehr daher, als wir unter Eid verantworten können. Sieh nicht in jeder Frau, die einmal einen Schwips gehabt hat, eine Hure; nicht in jedem Arbeitslosen einen Einbrecher; nicht in jedem allzu schlauen Kaufmann einen Betrüger. Denk an dich.

Wenn du Geschworener bist, vergiss dies nicht: – echte Geschworenengerichte gibt es nicht mehr. Der Herr Emminger aus Bayern hat sie zerstört, um den Einfluss der „Laien" zu brechen. Nun sitzt ihr also mit Berufsrichtern zusammen im Beratungszimmer. Sieh im Richter zweierlei: den Mann, der in der Maschinerie der juristischen Logik mehr Erfahrung hat als du – und den Fehlenden aus Routine. Der Richter kennt die Schliche und das Bild der Verbrecher besser als du – das ist sein Vorteil; er ist abgestumpft und meist in den engen Anschauungen seiner kleinen Beamtenkaste gefangen – das ist sein Nachteil. Du bist dazu da, um diesen Nachteil zu korrigieren.

Lass dir vom Richter nicht imponieren. Ihr habt diesen Tag genau die gleichen Rechte; er ist nicht dein Vorgesetzter; denke dir den Talar und die runde Mütze weg, er ist ein Mensch wie du. Lass dir von ihm nicht dumm kommen. Gib deiner Meinung auch dann Ausdruck, wenn der Richter mit Gesetzesstellen und Reichsgerichtsentscheidungen zu beweisen versucht, daß du Unrecht hast – die Entscheidungen des Reichsgerichts taugen nicht viel. Du bist nicht verpflichtet, dich nach ihnen zu richten. Versuche, deine Kollegen in deinem Sinne zu beeinflussen, das ist dein Recht. Sprich knapp, klar und sage, was du willst – langweile die Geschworenen und die Richter während der Beratung nicht mit langen Reden. Du sollst nur über die Tat des Angeklagten dein Urteil abgeben – nicht etwa über sein Verhalten vor Gericht. Eine Strafe darf lediglich auf Grund eines im Strafgesetzbuch angeführten Paragraphen verhängt werden; es gibt aber kein Delikt, das da heißt: ‚Freches Verhalten vor Gericht'. Der Angeklagte hat folgende Rechte, die ihm die Richter, meist aus Bequemlichkeit, gern zu nehmen pflegen: der Angeklagte darf leugnen; der Angeklagte darf jede Aussage verweigern; der Angeklagte darf ‚verstockt' sein. Ein Geständnis ist niemals ein Strafmilderungsgrund: – das haben die Richter erfunden, um sich Arbeit zu sparen. Das Geständnis ist auch kein Zeichen von Reue, man kann von außen kaum beurteilen, wann ein Mensch reuig ist, und ihr sollt das auch gar nicht beurteilen. Du kennst die menschliche Seele höchstens gefühlsmäßig, das mag genügen; du würdest dich auch nicht trauen, eine Blinddarmoperation auszuführen – lass also ab von Seelenoperationen.

Wenn du Geschworener bist, sieh nicht im Staatsanwalt eine über dir stehende Persönlichkeit. Es hat sich in der Praxis eingebürgert, daß die meisten Staatsanwälte ein Interesse daran haben, den Angeklagten ‚hineinzulegen' – sie machen damit Karriere. Laß den Staatsanwalt reden. Und denk dir dein Teil.

Vergewissere dich vorher, welche Folgen die Bejahung oder Verneinung der an euch gerichteten Fragen nach sich zieht.

Hab Erbarmen. Das Leben ist schwer genug.

Abkürzungsverzeichnis

BZRG	Bundeszentralregistergesetz
BRiG	Deutsches Richtergesetz
d. h.	das heißt
ff.	folgende Seiten (§§)
GG	Grundgesetz für die Bundesrepublik Deutschland
GVG	Gerichtsverfassungsgesetz
JGG	Jugendgerichtsgesetz
KJHG	Kinder- und Jugendhilfegesetz
MRK	Menschenrechtskonvention
NS	Nationalsozialismus
StGB	Strafgesetzbuch
SGB	Sozialgesetzbuch
StPO	Strafprozessordnung
sog.	sogenannt
u. a.	unter anderem, und andere (Autoren)
vgl.	vergleiche
z. B.	zum Beispiel

Die Verfasser

Dr. jur., Albrecht Lüthke, seit 1969 Jugendrichter beim Amtsgericht Bremen und von 1992–2002 beim Amtsgericht Rostock, arbeitete nach seiner Pensionierung von 2003 bis 2015 als Strafverteidiger und Opferanwalt.

Dr. phil., Dr. jur., Ingo Müller, pensionierter Professor für Strafrecht und Strafprozessrecht an der Polizeihochschule in Hamburg. Bekannteste Veröffentlichung: „Furchtbare Juristen. Die unbewältigte Vergangenheit unserer Justiz", Edition Tiamat, 7. Aufl. 2014.

Kriminalität und Gesellschaft **1**

1.1 Dem Verbrechen auf der Spur

Die neuzeitliche Kriminologie, die Lehre vom Verbrechen und dem Verbrecher, begann mit einem großen Irrtum. Der italienische Arzt Cesare Lombroso (1835–1909) glaubte, dem Verbrechen auf die Spur zu kommen, indem er in Reihenuntersuchungen Messungen an einer Vielzahl von Zuchthäuslern vornahm und so glaubte, typische körperliche Merkmale zu entdecken, an denen man Straftäter erkennt. Da er freilich nur in den Gefängnissen forschte, konnte er lediglich feststellen, welcher Menschentyp bevorzugt verurteilt wird und nicht, wer typischerweise Straftaten begeht. Grundlage seines Denkens war noch der Glaube an ewige Rechtssätze, gegen die sich Menschen bestimmter Konstitution versündigen und außerdem die Überzeugung, dass einige Charakteranlagen, die sich in körperlichen Merkmalen ausdrücken, zwangsläufig zur Kriminalität führen – zwei Annahmen, die die modernen Sozialwissenschaften längst aufgegeben haben. Die anthropologische oder biologische Theorie, von der Lombroso ausging, hatte noch einmal im Dritten Reich Konjunktur, wird aber in der Kriminologie allenfalls noch von Außenseitern vertreten. In der Bevölkerung sind solche Vorstellungen allerdings noch weit verbreitet, was zum Beispiel in Zeugenaussagen zum Ausdruck kommt, wie: Er sah gar nicht aus wie ein Mörder.

Das Vorurteil, dass Verbrecher an bestimmten äußerlichen Merkmalen zu erkennen seien, wird von unzähligen Filmen und Fernsehserien benutzt und damit auch ständig weiter genährt. Abgesehen davon, dass es das Verständnis der Handlung erleichtert, wenn man auf den ersten Blick erkennt, wer der Gute und wer der Böse ist, hat es für die Zuschauer etwas ungemein Beruhigendes zu wissen, dass Straftäter grundsätzlich anders sind als wir und dass sie daher auch ganz anders aussehen.

Schockieren müssen dagegen die Ergebnisse der modernen Kriminologie mit ihren vorwiegend in den USA gewonnenen Ergebnissen:

© Springer Fachmedien Wiesbaden GmbH, ein Teil von Springer Nature 2019
A. Lüthke und I. Müller, *Strafjustiz für Nicht-Juristen*,
https://doi.org/10.1007/978-3-658-24227-5_1

- Kriminalität ist in erster Linie nicht das Ergebnis des Charakters oder einer individuellen Entwicklung, sondern entsteht aus der Gesellschaft heraus. Vereinfacht ausgedrückt: Die Gesellschaft macht sich ihre Straftäter.
- Diese unterscheiden sich nicht oder nicht nennenswert von Normalbürgern, und
- die Gesellschaft braucht sogar ihre Delinquenten, um sich im Kontrast zu ihnen stets ihrer rechtlichen Gesinnung zu versichern.

Die kriminologische Forschung hat es längst aufgegeben, nach dem Verbrechertypus zu suchen – zu verschieden sind die Beweggründe, gegen das Gesetz zu verstoßen. Was sollte schließlich das schwangere Schulmädchen, das den Embryo abtreibt, mit dem professionellen Autoschieber, dem konkursbedrohten Unternehmer, der sein Versagen solange wie möglich verschleiert, dem Homosexuellen, der Umgang mit jugendlichen Strichjungen pflegt, oder mit dem angetrunkenen Autofahrer verbinden, außer, dass sie alle gegen das Strafgesetz verstoßen haben?

1.2   Strafungerechtigkeit

Bei einer Untersuchung des amerikanischen Soziologen Robert K. Merton unter 1.700 Personen, vorwiegend aus der Mittelschicht, gaben 99 % der Befragten zu, in ihrem Leben schon ein oder gar mehrere Male eine Straftat begangen zu haben; 29 % der Frauen und 64 % der Männer gestanden sogar ein oder mehrere Verbrechen (als Vergehen bezeichnet das Gesetz Delikte, deren Mindeststrafe weniger als ein Jahr beträgt; Verbrechen sind solche mit einer Mindeststrafe von einem Jahr und mehr). Dass Angehörige des befragten Personenkreises relativ selten vor Gericht stehen, hat vielerlei Ursachen. Weniger biologische als vielmehr wirtschaftliche, soziale und historische. Eine Vielzahl moderner Kriminalitätstheorien sucht eine Erklärung für das Phänomen, dass es die Gerichte auch heutzutage noch vorwiegend mit Angehörigen der Unterschicht zu tun haben. Eine Beobachtung, für die der Volksmund das Sprichwort geprägt hat: „Die Kleinen hängt man, die Großen lässt man laufen". Diese auch heute noch gültige Redewendung stammt aus einer Zeit, als man noch tatsächlich so mit ihnen verfuhr.

Zwangsläufig ist dies indessen nicht. Das altgermanische Recht beruhte zum Beispiel als Recht der Gleichen und Gleichbegüterten auf Fehde und Buße. Verbrechen wurden mit der Fehde verfolgt und konnten durch Bußleistungen gesühnt werden. Ein solches Rechtssystem setzt allerdings Satisfaktions- und Zahlungsfähigkeit aller voraus. Mit der Herausbildung des Adels in der fränkischen Geschichtsepoche und einer starken gesellschaftlichen Differenzierung in Herren und Knechte spaltete sich auch das Strafrecht auf in Herrenrecht und Knechtsrecht. Über viele Jahrhunderte existierte, wie Gustav Radbruch, einer der bedeutendsten Strafrechtslehrer und Rechtsphilosophen des 20. Jahrhunderts, beschreibt, ein doppeltes Strafrecht: „Der Arme büßte mit seinem Leibe, während der Reiche zahlte". Sogar die Gesetzeskodifikationen der beginnenden Neuzeit, wie zum Beispiel die Tiroler Landesordnung von 1526 oder die Peinliche Halsgerichtsordnung Kaiser Karls V. (Constitutio Criminalis Carolina) von 1532, sahen ausdrücklich verschiedene Rechtsfolgen vor, je nach Stand und Vermögen des Angeklagten. Zwar versuchte man im beginnenden Zeitalter der Aufklärung die Unterschiede zu nivellieren; im Codex Juris Criminalis Bavarici von 1571 hieß es: „Würde und adeliges Herkommen tut nichts zur Sach"; aber in den einzelnen Vorschriften stellte das Gesetz doch den Adel von allen entehrenden Strafen, insbesondere dem Galgen und den Verstümmelungsstrafen frei, und in den Städten genossen die Handwerksmeister ähnliche Privilegien. Allzu offensichtlich waren die strafrechtlichen Sanktionen aus den fränkischen Knechtsstrafen entwickelt, als dass man sie den höheren Ständen zumuten wollte.

Als in Preußen Friedrich Wilhelm I. die Adelsprivilegien beschnitt und gar die Französische Revolution sie gänzlich abschaffte, siegte auch im Strafrecht der Gleichheitsgedanke über den Privilegienstaat. Die bisherigen Vorzugsstrafen der Oberschicht kamen jetzt allen zugute. Das entehrende Hängen wurde von der angeblich ehrenhafteren Enthauptung abgelöst, Leibesstrafen und körperliche Züchtigung verschwanden nach und nach, der Vollzug der Freiheitsstrafen wurde humaner.

Gänzlich beseitigt wurden die sozialen Unterschiede im Strafrecht jedoch nicht. Anfang des 19. Jahrhunderts – neben den Adel waren die „gebildeten Stände" getreten – wurde eine unterschiedliche Behandlung ausgerechnet aus dem Gleichheitsgedanken abgeleitet. Wegen der gesteigerten Strafempfindlichkeit der Vornehmen und Gebildeten würde sie die für die niederen Stände angemessene Strafe sehr viel härter treffen, daher seien sie, um Gleichheit herzustellen, milder zu bestrafen. So begründete das Bayerische Strafgesetzbuch von 1813 die Einführung der Festungshaft für Angehörige der besseren Kreise. In der Folgezeit wurde dann jede Besserstellung der oberen Schichten formell abgeschafft, in Deutschland 1871, als mit dem Reichs-Strafgesetzbuch ein einheitliches Strafrecht in Kraft trat. In der Realität galten die Unterschiede freilich fort. Nicht offen mehr – wie im Ständestrafrecht des ausgehenden Mittelalters -, sondern subtiler, meist unterschwellig, auf vielfältige Weise und durch unterschiedliche Mechanismen begünstigt. Dabei sind die offensichtlichsten Erscheinungen dieses Phänomens, die Ersatzfreiheitsstrafe, wenn eine Geldstrafe nicht beigetrieben werden kann, und die Verschonung von Untersuchungshaft gegen Gestellung einer Kaution, noch die unbedeutendsten.

Schwerer wiegt schon, dass die einzelnen Straftatbestände, die Beschreibung der mit Strafe bedrohten Verhaltensweisen, traditionell Fehlverhalten der Unterschicht beschreiben. Der französische Schriftsteller Anatole France (1844–1924) beschrieb dieses Faktum mit dem berühmten Spottwort: „Das Gesetz in seiner majestätischen Gleichheit verbietet dem Reichen wie dem Armen, unter Brücken zu schlafen und Brot zu stehlen". Die Ungleichheit wird noch dadurch verstärkt, dass niemand bei den Reichen nach Brotdieben fahndet. Während das Verbot zwar für alle gilt, der Verstoß dagegen aber doch stark je nach Vermögensstand differiert, suchen die Ermittler Straftäter eher in Armenvierteln und werden daher auch häufiger fündig. Manfred Brusten, ein Kriminologe, der allerlei Fragwürdigkeiten der Kriminalstatistik auf den Grund gegangen ist, beschreibt diesen Vorgang: „Da laut Statistik und Polizeierfahrung in ärmeren Stadtvierteln mehr Verbrechen begangen werden, wird die Polizei in diesen Gebieten mehr und häufigere Streifen durchführen, wodurch – selbst bei objektiv gleich hoher Kriminalitätsrate – in diesen Vierteln mehr Delinquenten aufgegriffen werden".

Der Täter, der als Angeklagter vor Gericht steht, ist nach verschiedenen kriminologischen Theorien neuerer Zeit, die man mit dem amerikanischen Begriff „labeling approach" (Etikettierungsansatz) zusammenfassen kann, „das Endprodukt eines komplexen sozialen Prozesses der Zuschreibung, Selektion und Definition". Einer der entschiedensten Verfechter dieser Theorie, der Kriminologe Fritz Sack, illustriert das mit einem Beispiel: „Die Mitnahme nicht bezahlter Ware aus einem Geschäft kann unterschiedlich interpretiert werden, nämlich entweder als Ladendiebstahl oder auch als Fehlleistung. Einem stadtbekannten und hochgeachteten Professor, Bürgermeister oder Pastoren wird man im Falle der Mitnahme der nicht bezahlten Ware viel eher eine Fehlleistung, wie zum Beispiel Gedankenversunkenheit, Zerstreutheit oder Irrtum zubilligen, als einem ärmlich und ungepflegt gekleideten Landstreicher, Zigeuner oder Kindern aus einem Obdachlosenlager".

Kommt es tatsächlich zum Prozess gegen einen Bessergestellten, dann setzt die Ungleichbehandlung sich vor Gericht fort, wo ein gut (und teuer) verteidigter Angeklagter durch psychiatrische Sachverständige belegen kann, dass er eventuell unter medikamentösem Einfluss oder unter übergroßem Stress handelte oder vielleicht an einer Zwangsneurose litt.

Beschreiben also schon die Normen des Strafrechts eher Arme-Leute-Fehlverhalten, so verzerrt sich das Bild noch einmal durch die Zuschreibung von Polizei, Staatsanwaltschaft und Gericht, wenn Angehörige der gehobenen Mittelschicht derartige Taten begehen, was häufiger vorkommt als man gemeinhin annimmt.

1.3   Kriminelle in Nadelstreifen

Schwieriger zu erfassen als die sogenannte „klassische" Kriminalität, die das
Alltagsgeschäft der Strafjustiz ausmacht, ist das Fehlverhalten der an Geld, Macht
und Einfluss Reichen, für das der amerikanische Sozialwissenschaftler Edwin
H. Sutherland den Begriff „White-Collar-Crime" prägte. Damit bezeichnete er
die „Verbrechen, die von Personen mit Ansehen und hohem sozialen Status im
Rahmen ihres Berufs begangen werden", wie zum Beispiel Frisieren der Bilanzen
großer Konzerne, Manipulationen an der Börse, Schmieren von Politikern und
hohen Beamten, Verstöße gegen das Außenhandelsgesetz, ungesetzliches Kassieren
von Subventionen und Steuervergünstigungen. Bei Untersuchung der 70 größten
Konzerne der USA stellte er fest, dass gegen deren Manager im Zusammenhang
mit ihrer beruflichen Tätigkeit 158 Strafurteile, 427 Zivilurteile und 395 Verfü-
gungen von Verwaltungsbehörden ergangen waren, die kriminelles Fehlverhalten
feststellten. Sein vernichtendes Ergebnis: 90 % dieser größten Konzerne müssten
nach amerikanischem Recht als „Gewohnheitsverbrecher" gelten.

Dabei ist eine Fülle hochgradig sozialschädlicher Handlungen nicht einmal strafbar. Als zum Beispiel herauskam, dass der Gewerkschaftsführer Franz Steinkühler
Insider-Wissen, das er als Aufsichtsrat eines Konzerns besaß, zu Börsengeschäften
genutzt hatte, musste er zwar von seinem Amt zurücktreten; aber diese in den USA
als Verbrechen eingestufte Handlung war bei uns gar nicht strafbar. Der frühere
hessische Generalstaatsanwalt Fritz Bauer stellte 1964 fest: „Diebstahl und Raub
ist strafbar; spezifische Methoden des Big-Business sind aber überhaupt keiner
Regelung unterworfen. Liegt eine Regelung vor, so ist nicht ausgemacht, dass die
Verletzung der Regelung mit einer Strafsanktion versehen ist. Möglicherweise sind
andere Folgen der Gesetzesübertretung vorgesehen, vielleicht auch Geldbußen, die
aber nicht den Charakter der Geldstrafe tragen, nicht in einem Prozess in Anwesenheit der Öffentlichkeit verhängt und nicht ins Strafregister eingetragen werden".

Ganz davon abgesehen, fällt es den Strafverfolgern schwer, gegen einflussreiche
Verdächtige vorzugehen, zu groß sind allzu oft die Hemmungen, sich an solchen
Fällen die Finger zu verbrennen. Darüber hinaus fehlen Polizei und Staatsanwaltschaft, wie Fritz Bauer klagt, „gerade bei den größten Wirtschaftsdelikten, die in
die Millionen, ja Abermillionen gehen, die sachlichen und personellen Voraussetzungen, um die Wahrheit festzustellen. Es ist eine traurige, aber jedem eingeweihten
Kriminalbeamten oder Staatsanwalt geläufige Wahrheit, dass man die Kleinen
hängt, die Großen aber laufen lassen muss". Das liegt allerdings nicht nur an den
mangelnden Kapazitäten der Strafverfolgungsorgane sowie an ihrer Fixierung auf
die „klassischen" Delikte, wie Diebstahl, Raub und Körperverletzung, sondern
auch an deren einfacherer Identifizierbarkeit. Den meisten im Strafgesetzbuch be-

schriebenen Delikten liegt ein deutlicher Konventionsbruch zugrunde, der auf den ersten Blick erkennbar ist. Der Täter tritt physisch, oft gewaltsam, in die Sphäre des Opfers ein. Ganz anders bei Wirtschaftsdelikten: Das äußere Verhalten des Täters ist gesellschaftskonform. Der Wirtschaftsprüfer, der falsche Angaben in Listen einträgt, ist bei dieser Tätigkeit durch nichts vom Gesetzestreuen zu unterscheiden. Erst später, regelmäßig erst nach komplizierten Recherchen, kann man vielleicht das Kriminelle an seinem Handeln erkennen und mit viel Glück auch noch lückenlos belegen. Regelmäßig unterscheidet sich die Straftat der White-Collar-Kriminalität nicht durch die Qualität, sondern nur graduell von gesetzeskonformem Verhalten. Die Übergänge zwischen gesetzlich anerkanntem und strafbarem Tun sind oft fließend. So ist nahezu unser ganzes Umweltstrafrecht „verwaltungsakzessorisch", das heißt, strafbar ist nur ein Handeln ohne behördliche Genehmigung. So ist es möglich, dass jemand 1.000 Tonnen hochgiftiger Stoffe in einen Fluss einleitet und trotzdem keine Straftat begeht, wer aber nur einen Liter derselben Flüssigkeit in denselben Fluss schüttet, kriminell handelt.

Noch schwieriger ist es zum Beispiel beim Mietwucher nach § 291 StGB. Die Wohnraummieten in Großstädten wie München und Stuttgart sind kaum noch erschwinglich, aus ihnen wird eine „ortsübliche Vergleichsmiete" errechnet. Wer als Vermieter diese verlangt, gilt als nützliches Glied der Gesellschaft. Nimmt er eine beträchtlich geringere Miete, bestraft ihn das Finanzamt, dann muss er einen höheren Betrag versteuern, als er tatsächlich erhält. Wer über 20 % mehr als die Vergleichsmiete nimmt, handelt nach § 5 des Wirtschaftsstrafgesetzes „ordnungswidrig", wofür ihm ein Bußgeld droht. Überschreiten seine Forderungen die Vergleichsmiete um mehr als 50 %, so liegt strafbarer Mietwucher vor. Es steht nicht einmal im Gesetz, die Gerichte interpretieren das in § 291 StGB genannte „auffällige Missverhältnis" zwischen Preis und Leistung nur so. Da manche Bauten freilich so teuer sind, dass der Vermieter ohne beträchtliche Überschreitung der Vergleichsmiete Verluste machen würde, ist in diesen Fällen seine Forderung kein Mietwucher. Ohne genauen Nachvollzug seiner Kalkulation ist die Frage nach der Strafbarkeit seines Handelns also überhaupt nicht zu beantworten.

Weil die Ermittlungen in Fällen der „White-Collar-Kriminalität" langwierig und schwierig sind und, da die Beschuldigten auch über hochqualifizierte Rechtsberater verfügen, sich die Untersuchungen und Strafverfahren hinziehen, sind die Anklagebehörden in derartigen Fällen, vor allem wenn sich die Verfahren der Verjährungsgrenze nähern, allzu gern bereit, im Wege einer Absprache die Sache einvernehmlich und geräuschlos beizulegen. Kritiker solcher „Deals" unterscheiden mittlerweile zwischen „Hard Law", der uneingeschränkten Geltung des Strafrechts, das mehr etwas für die „Armen und Dummen" sei und „Soft Law", dem Recht, welches verhandelbar ist und das in umfangreichen Wirtschafts- und

Steuerstrafverfahren sowie Prozessen wegen schwerer Umweltdelikte fast schon zur Regel geworden ist.

1.4 Kriminalität – Preis der Freiheit

Vor den beschriebenen sozialen Ungerechtigkeiten haben auch engagierte Strafjuristen und kritische Sozialwissenschaftler längst kapituliert. Ein gerechtes Strafrecht scheint, wie die gerechte Gesellschaft, eine Illusion zu sein.

Abfinden muss man sich offenbar auch damit, dass, wo immer es Regeln gibt, sie übertreten werden. Aus dieser Tatsache beziehen die Gesetze ihre Legitimität. Eine Vorschrift, gegen die niemand verstößt, ist überflüssig, wie auch ein Gesetz unsinnig ist, welches niemand einhält.

Erfahrungsgemäß ist die Zahl der Gesetzesverstöße desto geringer, je dichter die soziale Kontrolle. Je offener, liberaler und anonymer die Gesellschaft, desto größer ist der Anteil derer, die sich „abweichend" verhalten, wie Kriminologen Gesetzesverstöße beschreiben. So ist es kaum verwunderlich, dass die Kriminalität in den neuen Bundesländern seit der Wende so zugenommen hat. Kriminalität scheint der Preis für die Liberalität einer Gesellschaft zu sein, was nicht zwangsläufig heißt, dass sich diese an der Verbrechensstatistik ablesen ließe. Im Übrigen wird die geringere Straffälligkeit der Bürger in totalitären Staaten regelmäßig ausgeglichen durch ein Übermaß an Regierungskriminalität.

Je freiheitlicher eine Gesellschaft, desto größer ist im Übrigen ihre Toleranz gegenüber „Abweichlern", nur gravierende Verstöße gegen die unerlässlichen Normen gesellschaftlichen Zusammenlebens werden zu Straftaten erklärt. Dabei kommt es freilich immer zu Unstimmigkeiten und unverständlichen Wertungswidersprüchen, die sich teils historisch erklären lassen, teils damit, dass Interessengruppen Einfluss auf die Formulierung der Gesetze nehmen. Nur so ist erklärlich, dass der Erwerb und Besitz von Haschisch, Kokain und Heroin nach § 29 des Betäubungsmittelgesetzes strafbar ist, während jeder Erwachsene die gleich gefährliche Droge Alkohol in beliebiger Menge frei kaufen kann.

Strafrecht und Strafverfolgung sind Menschenwerk und daher voller Widersprüche. Wenn diese Erkenntnis einigen Richtern das gute Gewissen beim Verurteilen nimmt, ist schon viel gewonnen.

Vom Sinn der Strafe

2

Zusammenfassung

Jährlich werden in der Bundesrepublik Deutschland rund 800.000 Menschen zu Strafen verurteilt, und in unseren Gefängnissen sitzen davon rund 60.000 ein. Sie werden bestraft, weil Strafe offenbar sein muss. Solange Menschen zusammenleben, wird gestraft, geändert haben sich im Laufe der Zeiten nur die Formen der Strafe und ihre jeweilige Rechtfertigung, fälschlicherweise „Strafgrund" genannt oder hochtrabend zur „Straftheorie" erhoben. Strafe ist ein Übel, das jemand einem anderen als Reaktion auf eine missbilligte Handlung zufügt. Die Gesellschaft, und zwar jede, reagiert mit der Strafsanktion auf einen nicht unbedeutenden Rechtsbruch (soweit sie des Täters habhaft wird). Dass Strafen nötig und gerechtfertigt seien, davon gehen unsere Gesetze aus, ohne dass dies irgendwo näher ausgeführt würde. Unterschiedliche Auffassungen über Sinn und Wert der Strafe können aber bei einzelnen Entscheidungen über die Strafbarkeit oder die Höhe der Strafe eine ausschlaggebende Rolle spielen. Daher werden im Folgenden kurz die verschiedenen heute bekannten Straftheorien dargestellt.

Jährlich werden in der Bundesrepublik Deutschland rund 800.000 Menschen zu Strafen verurteilt, und in unseren Gefängnissen sitzen davon rund 60.000 ein. Sie werden bestraft, weil Strafe offenbar sein muss. Solange Menschen zusammenleben, wird gestraft, geändert haben sich im Laufe der Zeiten nur die Formen der Strafe und ihre jeweilige Rechtfertigung, fälschlicherweise „Strafgrund" genannt oder hochtrabend zur „Straftheorie" erhoben. Strafe ist ein Übel, das jemand einem anderen als Reaktion auf eine missbilligte Handlung zufügt. Die Gesellschaft, und zwar jede, reagiert mit der Strafsanktion auf einen nicht unbedeutenden Rechtsbruch (soweit sie des Täters habhaft wird). Dass Strafen nötig und gerechtfertigt seien, davon gehen unsere Gesetze aus, ohne dass dies irgendwo näher ausgeführt würde. Unterschiedliche Auffassungen über Sinn und Wert der Strafe können aber bei einzelnen Entscheidungen über die Strafbarkeit

© Springer Fachmedien Wiesbaden GmbH, ein Teil von Springer Nature 2019
A. Lüthke und I. Müller, *Strafjustiz für Nicht-Juristen*,
https://doi.org/10.1007/978-3-658-24227-5_2

oder die Höhe der Strafe eine ausschlaggebende Rolle spielen. Daher werden im Folgenden kurz die verschiedenen heute bekannten Straftheorien dargestellt.

2.1 Vergeltungs- oder Sühnetheorie

Der archaische Grundsatz der Vergeltung ist in unser aller Rechtsbewusstsein tiefer verankert, als wir uns selbst eingestehen. Er stellt die älteste und weitest verbreitete Rechtfertigung für Strafe dar und taucht bereits im Alten Testament auf: „Auge um Auge, Zahn um Zahn". Symbolisiert wird der Strafgrund heute noch durch Schwert und Waage der Justitia, wobei die Waage als Symbol für den Grundsatz des Strafgesetzbuchs steht, dass der Schuld, die der Täter auf sich geladen hat, die Strafe, die ihm auferlegt wird, genau entsprechen soll. Der Philosoph Immanuel Kant (1724–1804) hat die dem zugrunde liegende Ordnungsvorstellung zusammengefasst in der Überlegung: Es wäre schrecklich, glauben zu müssen, dass wir in einer Welt lebten, in der sich das Böse lohnt. Er geht dabei von einer metaphysischen Rechtsvorstellung aus; das Recht erscheint ihm ewig und gottgegeben, keinesfalls nur auf menschlicher Konvention beruhend. Das wird in seinem berühmten Insel-Gleichnis deutlich: „Selbst, wenn sich die bürgerliche Gesellschaft mit aller Glieder Einstimmung auflöste (z. B. das eine Insel bewohnende Volk beschlösse, auseinanderzugehen, um sich in alle Welt zu zerstreuen), müsste der letzte im Gefängnis befindliche Mörder vorher hingerichtet werden, damit jedermann das widerfahre, was seine Taten wert sind, und die Blutschuld nicht auf dem Volke hafte, das auf diese Bestrafung nicht gedrungen hat".

Die Konzeption der Strafe als eine der Straftat entsprechende Vergeltung ist für Kant frei von allen Nützlichkeitserwägungen für den Täter oder die Gesellschaft. Man nennt sie daher „absolute" Straftheorie. Eine solche vertritt auch Georg Wilhelm Friedrich Hegel (1770–1831), für den die Strafe ihre Rechtfertigung darin findet, dass sie die Straftat, die Negation des Rechts, negiert und somit das Recht wieder herstellt („Negation der Negation des Rechts"): „Das Aufheben des Verbrechens ist insofern Wiedervergeltung, als sie dem Begriffe nach Verletzung der Verletzung ist und dem Dasein nach das Verbrechen einen bestimmten, qualitativen und quantitativen Umfang, hiermit auch dessen Negation als Dasein einen ebensolchen hat".

Keine große Rolle spielt dabei, ob die Vergeltung als eine Reinigung der Gesellschaft vom Unrecht oder die Sühne als Reinigung des Straftäters von seiner Schuld (in diesem Fall hätte sie den Charakter einer Wohltat) in den Vordergrund gestellt wird. Gemeinsam ist allen Spielarten der Sühne- und Vergeltungstheorie, dass sie das Recht absolut setzen und weniger eine rationale Begründung für das Strafen liefern, vielmehr behaupten, dass Strafe keiner Begründung bedürfe. Angesichts des Übels, welches die Strafe für den Betroffenen darstellt, sind solche Überlegungen für eine humane Ethik kaum mehr nachvollziehbar und durch die moderne Erkenntnis, dass die Gesellschaft ihre Verbrecher selbst produziere, erschüttert. Rechtliche Normen sind, diese Auffassung hat sich durchgesetzt, genauso gesellschaftlich bedingt wie die Zuteilung von Aufstiegschancen. Damit wackelt das Fundament der metaphysischen Straftheorie, die eine höhere unsichtbare Ordnung voraussetzt; denn wenn es keine solche Ordnung gibt, kann sie auch nicht durch eine Tat verletzt werden und bedarf keiner Wiederherstellung durch Strafen.

Dass die gerechte Strafzumessung eine Illusion ist, zeigt sich auch daran, dass zwar jedermann bereit sein wird, für die Gerechtigkeit einzutreten, eine Einigung darüber, was Gerechtigkeit sei, aber nie erreichbar ist. Widersprüche treten schon im Rechtsbewusstsein jedes einzelnen auf. Da plädiert jemand für härteste Sühne von Sittlichkeitsdelikten und will tausendfachen Mord bei NS-Tätern ungesühnt lassen. Ein anderer, der sich obendrein für aufgeklärt und liberal hält, ist genau entgegengesetzter Auffassung.

2.2 „Relative" Straftheorien

Aus der Erkenntnis, dass keine Tat ungeschehen gemacht werden kann, hat der griechische Philosoph Platon (427–347 v. Chr.) gefolgert, dass kein vernünftiger Mensch strafe, weil eine Tat begangen wurde, sondern damit keine neue geschähe. Strafe soll nicht die vergangene Tat vergelten, sondern künftige Taten verhindern. Auf dieser Auffassung basieren die Strafzwecke der General- und der Spezialprävention. Die Generalprävention will mit der Bestrafung einzelner andere potentielle Täter abschrecken; Spezialprävention ist die Einwirkung auf den einzelnen potentiellen Täter künftiger Straftaten, in erster Linie eines Verurteilten, um ihn von künftigen Straftaten abzuhalten. Sie wird auch „Resozialisierung" genannt.

2.2.1 Abschreckung (Generalprävention)

Dass die Strafdrohungen des Gesetzes und die Verfolgung von Straftaten viele Menschen von deren Begehung abhalten, lässt sich zwar wissenschaftlich schwer beweisen, kann andererseits aber kaum bezweifelt werden. Es wäre naiv anzunehmen, ohne Kontrolle und Sanktionsdrohung würde eine nennenswerte Anzahl von Personen Fahrgeld für öffentliche Verkehrsmittel entrichten. Einigkeit besteht unter Fachleuten aber darüber, dass nicht die Höhe der Strafe, sondern die Wahrscheinlichkeit der Entdeckung über die Wirkung der Generalprävention entscheidet. Dabei schreckt auch weniger die Strafe als solche ab, als vielmehr die mit ihr verbundene gesellschaftliche Diskriminierung. Entwickelt hat diese „Theorie vom psychologischen Zwang" der Rechtsprofessor Paul Johann Anselm Ritter von Feuerbach (1775–1833), dem die Idee kam, dass nicht erst die Strafvollstreckung, sondern bereits die Strafdrohung die Bürger von der Begehung von Verbrechen abhalte. Die Strafvollstreckung ist dann nur erforderlich, um der Drohung die notwendige Glaubwürdigkeit zu verleihen.

Die auf Feuerbachs Ideen basierende Generalprävention tut sicher ihre Wirkung bei breiten Schichten der Bevölkerung. Sie versagt jedoch gegenüber denjenigen, die ohnehin ihre gesellschaftliche Anerkennung eingebüßt haben, oder denen von vornherein jede gesellschaftliche Perspektive versagt ist. Obendrein hat sie wenig Wirkung gegenüber Personen, welche Delikte begehen, die zwar mit Strafe bedroht sind, im allgemeinen Rechtsbewusstsein aber nicht als „kriminell" gelten, wie zum Beispiel Steuerdelikte, Subventionserschleichung, unerlaubte Preisabsprachen und Ähnliches. Hier können die Täter regelrecht eine Kosten-Nutzen-Rechnung aufstellen, wobei sie eine zu erwartende Geldstrafe oder -buße auf der Kostenseite berücksichtigen. Schließlich versagt die Vergeltungstheorie auch bei Affekt- und Verzweiflungstaten, was zum Beispiel der Mord in den meisten Fällen ist. Im Bericht einer Expertenkommission für einen amerikanischen Bundesstaat, in dem die Todesstrafe wieder eingeführt worden war, konnte man dazu lesen: „Trotz Wiedereinführung der Todesstrafe ist die Zahl der Morde gestiegen. Das lässt den Schluss zu, dass von der Todesstrafe keine abschreckende Wirkung auf potentielle Mörder ausgeht".

2.2.2 Besserungstheorie (Resozialisierung)

Weniger eine Rechtfertigung von Strafe, sondern eher die generelle Ersetzung von Strafen durch Maßnahmen beabsichtigt die heute weitverbreitete Auffassung, der Vollzug der Strafe solle nicht vergelten oder abschrecken, sondern den Täter bessern (resozialisieren), die 1976 auch Eingang in das Strafvollzugsgesetz gefunden hat. Diese Denkrichtung trägt der Erkenntnis Rechnung, dass die Umwelt, in der jemand aufwächst, und die Art der Erziehung (Sozialisation) seine Persönlichkeit prägt. Bei einer misslungenen Sozialisation müsse dem Täter die Möglichkeit gegeben werden, sich zu ändern. Der englische Schriftsteller Gilbert Chesterton (1874–1936) legte einem Richter den treffenden Ausspruch in den Mund: „Ich verurteile Sie zu drei Jahren Gefängnis, in der festen und von Gott eingegebenen Überzeugung, dass das, was Ihnen wirklich Not tut, ein dreiwöchiger Aufenthalt an der See ist". Vor allem die Erkenntnisse der modernen Kriminologie haben dem Resozialisierungsgedanken zum Durchbruch verholfen. Tatsächlich scheint alles für diese Idee zu sprechen: – Es entspricht der Gerechtigkeit weit eher, jemandem, dem die Gesellschaft Entwicklungsmöglichkeiten vorenthalten hat, nachdem sich die Folgen zeigen, eine zweite Chance zu bieten, indem man ihm die Möglichkeit zu Schulabschluss und Berufsausbildung schafft, als ihn auch noch dafür zu bestrafen, dass er unter ungünstigen Bedingungen und Einflüssen aufgewachsen ist.

- Ein Gebot der Humanität ist es, einen Straftäter nicht einfach aufzugeben, sondern alles zu versuchen, ihn wieder in die Gesellschaft einzugliedern.
- Eine volkswirtschaftliche Gesamtrechnung ergibt, dass selbst eine teurere Sozialisierung noch billiger ist als die Folgen weiterer Straftaten sowie erhöhte Aufwendungen für Polizei, Justiz und Strafvollzug.

Eine Inkonsequenz der Resozialisierungstheorie ist freilich, dass man wartet, bis Menschen, denen Lebenschancen vorenthalten wurden, auf die schiefe Bahn geraten, um erst dann mit fördernden Maßnahmen einzugreifen. Das folgt jedoch aus dem Grundsatz der Rechtsstaatlichkeit, dass niemand, ohne straffällig geworden zu sein, staatlichen Zwangsmaßnahmen – und eine solche bleibt trotz aller Humanisierung der Resozialisierungsstrafvollzug – unterworfen wird. Staatlich verordnete Erziehungs- und Förderungsprogramme sollten das letzte Mittel sein, wenn gesellschaftliche Instanzen wie Elternhaus, Schule, Freundeskreis und Arbeitsstätte versagt haben. Leider schaffen auch staatliche Erziehungsheime allzu oft die Voraussetzung für die Straffälligkeit und sind damit Ausgangspunkt für „kriminelle Karriere". Eine Verbesserung dieser Heime könnte manchen späteren Resozialisierungsversuch entbehrlich machen.

Die Resozialisierungseuphorie der siebziger Jahre ist jedoch bei vielen der damaligen Reformer verflogen. Mehr und mehr setzt sich die Erkenntnis durch, dass eine Erziehung unter den Bedingungen der Einschließung scheitern muss. Im Gefängnis werden keine Erziehungserfolge erzielt, auch nicht, wenn das Gesetz sie vorschreibt. Diese Erkenntnis müsste zwar nicht zur Aufgabe des Resozialisierungsziels führen, sondern im Gegenteil zur konsequenten Weiterführung der 1976 auf halbem Wege stehengebliebenen Reformen. Diejenigen Maßnahmen zur Wiedereingliederung, die Geld kosten, sind damals ausgesetzt worden und sollten später „durch besonderes Bundesgesetz" in Kraft gesetzt werden. Das ist inzwischen durch das Strafvollzugsgesetz und ergänzende Vollzugsgesetze der Länder geschehen. In der Praxis klaffen der theoretische Ansatz des Strafvollzugsgesetzes und die Wirklichkeit in den Strafvollzugsanstalten aber immer noch erheblich auseinander. Der Strafvollzug hat in der Politik kaum eine Lobby.

Selbst emphatische Anhänger des Resozialisierungsgedankens müssen zugeben, dass dies nicht der alleinige Strafgrund sein könne. Bei Wirtschaftskriminellen zum Beispiel ist eine Resozialisierung unnötig, sie sind bestens in die Gesellschaft integriert. Sollte man sie daher laufen lassen? Auch Geldstrafen lassen sich mit der Resozialisierungsidee nicht rechtfertigen. Diese Strafe hat verwarnenden, nicht aber unterstützenden und fördernden Charakter. Konsequenten Anhängern der Resozialisierungstheorie muss zudem jede Bestrafung von Tätern überflüssig erscheinen, die unter außergewöhnlichen Umständen straffällig geworden sind und keinen Hang zu weiteren Taten mehr zeigen, oder denen die Möglichkeit zu der für sie typischen Tat genommen ist. Nazi-Gewaltverbrecher müssten ebenso straffrei bleiben wie Funktionäre der DDR, da sie kaum jemals mehr die Möglichkeit zum Amtsmissbrauch haben werden.

2.2.3 Vereinigungstheorie

Alle die hier abgehandelten Rechtfertigungen fürs Strafen haben also ihre Schwächen, sogar diejenigen, die dem Strafen den Übelcharakter nehmen wollen.

Die archaische Vergeltungstheorie ist inhuman und geht an der Erkenntnis vorbei, dass alles Recht aus der Gesellschaft hervorgeht. Sie nimmt dem Fehlgeleiteten die Chance der Besserung. Die Abschreckungstheorie versagt bei mehrfach Vorbestraften sowie bei arbeitslosen Jugendlichen, die jede Hoffnung auf eine gesicherte bürgerliche Existenz bereits aufgegeben haben. Wirkungslos ist sie weitgehend auch bei Wirtschaftsstraftätern. Die Resozialisierungstheorie kommt Tätern, bei denen keine Wiederholungsgefahr mehr besteht, nicht bei. Mit ihr lassen sich Strafen gegen besser gestellte Täter genauso wenig rechtfertigen wie Geldstrafen.

Der Gesetzgeber hat bewusst vermieden, sich auf einen der genannten Strafzwecke festzulegen oder sonst Sinn und Zweck der Strafe zu definieren. Auch das Bundesverfassungsgericht sah bisher „keinen Grund, sich mit den verschiedenen Straftheorien auseinanderzusetzen" (E 45, 253). Als Ziele des Strafrechts definierte es 1977 in einer Grundsatzentscheidung: Die Gesellschaft vor sozialschädlichem Verhalten zu bewahren und die elementaren Werte des Gemeinschaftslebens zu schützen, und es stellte fest: „Das geltende Strafrecht und die Rechtsprechung der deutschen Gerichte folgen weitgehend der sogenannten Vereinigungstheorie, die – allerdings mit verschieden gesetzten Schwerpunkten – versucht, sämtliche Strafzwecke in ein ausgewogenes Verhältnis zueinander zu bringen ... Schuldausgleich, Prävention, Resozialisierung des Täters, Sühne und Vergeltung für begangenes

Unrecht werden als Aspekte einer angemessenen Strafsanktion bezeichnet". Die zitierte „Vereinigungstheorie" läuft aber letztlich darauf hinaus, dass jeder Rechtsanwender sich die ihm genehmen Aspekte heraussucht, oder gar von Fall zu Fall variiert. In der Vergangenheit hat es – je nach politischem System – eindeutigere Orientierungen gegeben, zum Beispiel im Dritten Reich die auf „Schutzstrafe" und Abschreckung. Im pluralistischen Staat sind derartige Festlegungen schwieriger, weil sie sämtlich ideologieverdächtig sind. Unser Strafgesetzbuch enthält daher auch nicht alle denkbaren Strafgründe, sondern verhält sich neutral und sieht lediglich in § 46 Abs. 1 StGB Grundsätze für die Strafzumessung vor: „Die Schuld des Täters ist Grundlage für die Zumessung der Strafe. Die Wirkungen, die von der Strafe für das künftige Leben des Täters in der Gesellschaft zu erwarten sind, sind zu berücksichtigen".

Letztlich bleibt im laizistischen, weltanschaulich neutralen Staat nur ein einziger vernünftiger Grund zu strafen: weil es so im Gesetz vorgesehen ist.

2.3   „ultima ratio"

Das Strafrecht, darüber besteht Einigkeit bei allen Juristen, darf als schärfstes Instrument des Staates, gesellschaftlichen Fehlentwicklungen zu begegnen, nur das letzte Mittel sein, nachdem alle anderen Möglichkeiten, den Missstand zu beseitigen, versagt haben. Dieses ultima-ratio-Prinzip folgt als Bestandteil des Grundsatzes der Verhältnismäßigkeit aus dem Rechtsstaatsprinzip. Leider gerät das allzu oft, und in jüngerer Zeit immer häufiger, in Vergessenheit. Wenn irgendein gesellschaftlicher Missstand offenbar wird, greifen Politiker am liebsten zur strafrechtlichen Sanktion. Bei jedem Skandal richtet sich nämlich die Medienaufmerksamkeit auf Berlin und seine Politiker. Diese demonstrieren gern Entschlossenheit und Handlungsfähigkeit und versprechen sofortige Abhilfe. Da aber alle staatliche Verwaltung von der Polizei über Finanzämter, Schulen und Krankenhäusern bis zur Gewerbeaufsicht Staatsanwaltschaften und Gerichten der Länder untersteht, kann man im Bundestag nur Gesetze machen. So ändert man eben diese, am liebsten das Strafgesetz und die Strafprozessordnung; das geht schnell, suggeriert hartes Durchgreifen und belastet den Bundeshaushalt nicht. Wenn gewalttätige Jugendliche Ausländerheime anzünden, werden die Haftbestimmungen geändert, wenn im herbstlichen Nebel Autoraser aufeinander krachen, werden Bußgeldvorschriften verschärft, und wenn bei Demonstrationen Gewalttätige auf Fotos nicht identifizierbar sind, wird eine Strafvorschrift gegen „Vermummung" geschaffen. Die Fixierung unserer Politiker auf das Mittel des Strafrechts ist so groß, weil viele von ihnen offenbar vergessen haben, dass es oft andere, bisweilen einfachere und kostengünstigere Lösungen für das Problem gibt. Als nach Öffnung der Ostgrenzen die Autodiebstähle sprunghaft anstiegen (wobei sich hinter vielen der gemeldeten Diebstähle ein Versicherungsbetrug verbarg), wurden zunächst die Vorschriften über Bandendiebstahl geändert und die Zwangsmaßnahmen der Polizei gegen Verdächtige erweitert, statt wirksame Sicherungsmaßnahmen vorzuschreiben.

Dass in den letzten zwei Jahren die Zahl der Kfz-Diebstähle stark zurückgegangen ist, liegt allein an der Zunahme der elektronischen Wegfahrsperren. Die verschärften Strafbedingungen haben daran überhaupt keinen Anteil. Das erwähnte „strafrechtliche Vermummungsverbot" läuft ziemlich ins Leere; während seiner bisherigen Geltungsdauer gab es kaum Verurteilungen. Es hat also den Anschein, als würden Strafgesetze allzu oft gemacht, nicht um etwas zu ändern, sondern anstatt. Diese „symbolische" Gesetzgebung birgt beträchtliche Gefahren in sich: Die Gesetze werden schlechter und unübersichtlicher; aus jahrhundertelanger Erfahrung geschaffene rechtsstaatliche Sicherungen gegen staatlichen Machtmissbrauch werden Augenblicksstimmungen geopfert und der Glaube an die Allmacht des Strafrechts wird weiter genährt. Fachleute schätzen dagegen die Möglichkeiten, mit dem Strafrecht das Verhalten der Gesellschaftsmitglieder zu steuern, eher gering ein und stöhnen über die Gesetzesflut.

Das Strafverfahren

3

3.1 Gerichtsaufbau

Die nachfolgende Abb. 3.1 zeigt einen 4-gliedrigen Aufbau der Strafgerichte: Amtsgericht, Landgericht, Oberlandesgericht, Bundesgerichtshof. Tatsächlich spielt sich ein Prozess jedoch höchstens in drei Instanzen ab, in Jugendstrafsachen gibt es sogar nur zwei Instanzen. Die Berufsrichter sind im Schaubild durch die schwarz eingefärbten Figuren, die Schöffen durch die umrissartigen dargestellt; auf diese Weise geht aus dem Schaubild auch die Zusammensetzung der einzelnen Spruchkörper hervor. Welche Aufgaben diese innerhalb der vier Aufbaustufen erfüllen, zeigen die Bezeichnungen „Strafrichter", „Schöffengericht", „Große Strafkammer" usw. an.

© Springer Fachmedien Wiesbaden GmbH, ein Teil von Springer Nature 2019
A. Lüthke und I. Müller, *Strafjustiz für Nicht-Juristen*,
https://doi.org/10.1007/978-3-658-24227-5_3

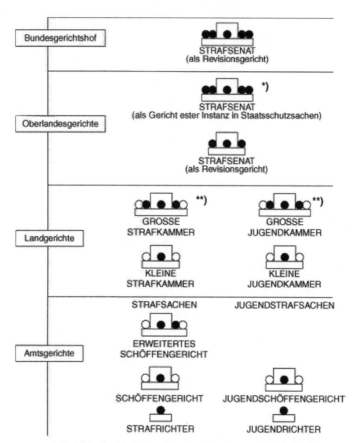

Hinweis für die abgebildeten Fußnotenzeichen

*)   In Berlin heißt das Oberlandesgericht aus alter Tradition „Kammergericht", in Bayern
        besteht neben den Oberlandesgerichten noch ein „Oberstes Landesgericht".

**)   Wenn die zu verhandelnde Sache nicht schwierig oder umfangreich ist, tagt das
        Gericht mit nur zwei Berufsrichtern und zwei Schöffen

Abb. 3.1   Strafgerichtsbarkeit

Die vier Aufbaustufen stehen nicht unverbunden je für sich, sondern beziehen sich
aufeinander; maßgeblich sind dabei die Gesichtspunkte der Arbeitsteilung und der
Überprüfung. Dies wird deutlich, wenn man die einzelnen Spruchkörper nach
Instanzen zusammengefasst betrachtet (vgl. Abb. 3.2 und 3.3).

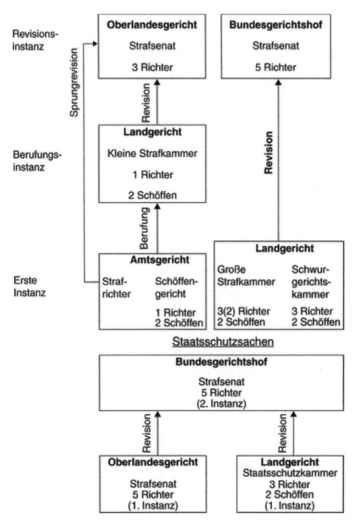

Abb. 3.2 Instanzenzug in Strafsachen (Erwachsene)

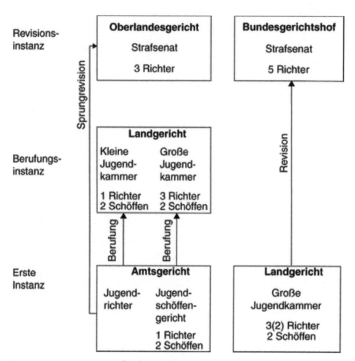

Abb. 3.3   Instanzenzug in Strafsachen (Jugendliche und Heranwachsende)

Je nach Art und Schwere des strafrechtlichen Vorwurfs, der gegen den Angeklagten vorgebracht wird, kann die Staatsanwaltschaft beim Amtsgericht, dem Landgericht oder dem Oberlandesgericht anklagen. Dabei kommt das Amtsgericht bei Erwachsenen in Betracht, wenn nicht mehr als vier Jahre Freiheitsstrafe zu erwarten sind, wobei der Strafrichter als Einzelrichter bei einer Straferwartung bis zu zwei Jahren Freiheitsstrafe oder Geldstrafe entscheidet, während das Schöffengericht (ein Richter, zwei Schöffen) bei einer Straferwartung von zwei bis vier Jahren Freiheitsstrafe sowie bei Verbrechen zuständig ist. Bei besonders umfangreichen Verfahren entscheidet auf Antrag der Staatsanwaltschaft das erweiterte Schöffengericht, das mit zwei Berufsrichtern und zwei Schöffen besetzt ist. Auch dieses hat nur eine Strafgewalt von maximal vier Jahren Freiheitsstrafe.

Bei **Jugendlichen** (zur Tatzeit 14–17 Jahre) und **Heranwachsenden** (18–20 Jahre) entscheidet das Jugendschöffengericht (ein Jugendrichter, zwei Schöffen), wenn eine Jugendstrafe zu erwarten ist, d. h. Freiheitsentziehung von mindestens sechs

Monaten bis maximal fünf Jahren Dauer. Ist eine Jugendstrafe nicht zu erwarten, entscheidet der Jugendrichter als Einzelrichter. Er kann erzieherische Weisungen geben, Auflagen erteilen – z. B. gemeinnützige Arbeiten zu leisten – oder Jugendarrest verhängen, ausnahmsweise auch eine Jugendstrafe bis zu einem Jahr aussprechen. Das Landgericht (Große Strafkammer, Große Jugendkammer) ist erste Instanz in allen sonstigen Fällen. Allein Staatsschutzdelikte werden, aber auch nur wenn der Generalbundesanwalt anklagt, vor dem Oberlandesgericht verhandelt. Bei der Eröffnung des Hauptverfahrens können die Richter der Großen Strafkammer bzw. Großen Jugendkammer beschließen, ob sie die Hauptverhandlung mit drei oder nur zwei Berufsrichtern neben den zwei Schöffen durchführen wollen. Die Schwurgerichtskammer des Landgerichts tagt dagegen immer mit drei Berufsrichtern und zwei Schöffen.

Ist der Angeklagte oder ist die Staatsanwaltschaft mit dem Urteil unzufrieden, so können sie veranlassen, dass sich ein weiterer gerichtlicher Spruchkörper mit der Sache befasst („Rechtsmittel einlegen"). Für eine derartige Überprüfung kommen im Gerichtssystem der Bundesrepublik grundsätzlich die Berufungs- oder die Revisionsinstanz in Frage. In der Berufung wird der gesamte Fall in tatsächlicher und in rechtlicher Hinsicht zum zweiten Mal verhandelt; dort erfolgt also eine erneute Beweisaufnahme und eine erneute rechtliche Würdigung des Geschehens. Die Berufung kann allerdings vom Berufungsführer auf das Strafmaß (richtiger: die Rechtsfolgen) beschränkt werden (sog. Strafmaßberufung). Hierbei findet dann keine Beweisaufnahme mehr statt; das Berufungsgericht befasst sich vielmehr nur noch mit der Frage der „richtigen" Strafe oder anderen Rechtsfolgen (z. B. Entziehung der Fahrerlaubnis).

Das Revisionsgericht dagegen, das nur mit der Behauptung angerufen werden kann, das Gericht erster Instanz habe das Verfahrensrecht verletzt oder das Urteil enthalte materielle Rechtsfehler, geht von dem Tatgeschehen aus, wie es die vorherige Instanz festgestellt hat. Es prüft allein, ob die Vorinstanz gegen Rechtsvorschriften verstoßen hat.

Beides ist für die Richtigkeit eines Urteils wichtig, die zutreffende Erfassung der Ereignisse („Tatfrage") und die richtige Auslegung der Strafgesetze („Rechtsfrage"). In Beidem kann ein Gericht irren; daher sollte man meinen, dass für jedes Verfahren eine Berufungs- und eine Revisionsinstanz zur Verfügung ständen. Dies ist jedoch nicht immer der Fall: wie das Schaubild 2 zeigt, gestattet das derzeitige Strafgerichtssystem gerade für die gewichtigeren strafrechtlichen Fälle, die beim Landgericht in erster Instanz verhandelt werden und bei denen eine hohe Freiheitsstrafe auf dem Spiele steht, nur eine Überprüfung in rechtlicher (Revision zum BGH), nicht aber in tatsächlicher Hinsicht (Berufung). Wurde die Sache hingegen vor dem Amtsgericht angeklagt, so stehen beide Rechtsmittel, Berufung und Revision, dem Angeklagten wie auch der Staatsanwaltschaft zur Verfügung. Jugendliche bzw. heranwachsende Angeklagte (vgl. Abb. 3.3) haben dagegen nur das eine oder das andere Rechtsmittel, entscheiden sich in der Praxis dann allerdings meistens für die Berufung, falls sie das Urteil nicht annehmen wollen. Eine Besonderheit stellt noch die sogenannte **Sprungrevision** dar. Urteile des Amtsgerichts können statt mit Berufung sofort mit dem Rechtsmittel der Revision, über die dann das Oberlandesgericht entscheidet, angefochten werden; die Berufungsinstanz wird somit übersprungen, daher der Name.

3.2   Verfahrensziel

Ziel des Strafverfahrens ist nach Juristendefinition die richtige, prozessordnungsmäßig zustande gekommene, Rechtsfrieden schaffende Entscheidung über die Strafbarkeit des Beschuldigten. Eine Orientierung vermag diese Zielbestimmung nicht zu geben, weil sie die entscheidende Frage, was eine „richtige" Entscheidung ist, offen lässt. Als richtige Entscheidung wird allgemein die angesehen, die dem Angeklagten die seiner Schuld entsprechende Strafe zuerkennt. Voraussetzung für das „Anpassen" der angemessenen Strafe ist zunächst die nicht minder schwierige Sachverhaltsfeststellung: Hat der Angeklagte die ihm zur Last gelegte Tat überhaupt begangen, wenn ja, unter welchen Umständen? Da die Wahrheit nicht von vornherein feststeht, auch nicht in den Akten von Polizei und Staatsanwaltschaft – Ziel des Verfahrens ist es ja, sie erst festzustellen – muss im Strafprozess die Notwendigkeit energischen Zugreifens gegenüber einem möglichen Täter stets gegen das Erfordernis des schonenden Vorgehens gegenüber einem möglicherweise Unschuldigen abgewogen werden.

Im Strafverfahren soll durch eine Reihe von Verfahrensgarantien verhindert werden, dass der Beschuldigte zum Untersuchungs- und Verfahrensobjekt gestempelt wird. Dies war im mittelalterlichen Inquisitionsprozess der Fall, in dem alle Mittel erlaubt waren, den Angeschuldigten zu überführen, inklusive das der Folter. Nach Abschaffung der Folter und allgemeiner Anerkennung der Menschenrechte gehört der Inquisitionsprozess der Vergangenheit an. Gleichwohl hat sich der deutsche Strafprozess nie ganz von inquisitorischen Elementen lösen können. Anders als das angelsächsische Strafverfahren, das über unzählige Fernsehserien und Kinofilme die Prozessvorstellungen auch des deutschen Publikums geprägt hat, ist das deutsche Strafverfahren kein Parteienprozess, in dem Staatsanwalt auf der einen und Angeklagter mit Verteidiger auf der anderen Seite miteinander streiten und das

Gericht nur den Streit entscheidet, also über den staatlichen Strafanspruch urteilt. In unserer Strafprozessordnung ist vielmehr der Anklageprozess (Akkusationsprozess) verankert, der zwar dem Parteienprozess stark angenähert ist, aber eben nur angenähert, und die Gefahr, dass inquisitorische Elemente überhand nehmen, ist nach wie vor groß.

Unser Strafprozess ist nämlich noch beherrscht von der sogenannten Instruktionsmaxime, die in § 244 Abs. 2 StPO verankert ist: „Das Gericht hat zur Erforschung der Wahrheit die Beweisaufnahme von Amts wegen auf alle Tatsachen und Beweismittel zu erstrecken, die für die Entscheidung von Bedeutung sind". Kritiker, wie z. B. der renommierte Strafrechtslehrer Karl Binding (1841–1920), sprachen daher bei Inkrafttreten der StPO 1877 von einer „hässlichen Bastardform" zwischen Inquisitions- und modernem Parteienprozess.

3.2.1 Grenzen des Verfahrensziels (organisierte Kriminalität – Bandenkrimilalität)

Das im vorherigen Kapitel beschriebene Verfahrensziel ist in der justiziellen Praxis in vielen Fällen nicht zu realisieren. Abgesehen einmal von der personellen Unterbesetzung von Polizei und Justiz (vgl. dazu Kapitel 3.3.3.1) stößt der Justizapparat mit seinen vorgegebenen rechtstaatlichen Garantien, z. B. die Unschuldsvermutung und die Beweislast des Richters für eine zweifelsfreie Überführung eines Tatverdächtigen bei der organisierten Kriminalität (Bandenkriminalität) vielfach an seine Grenzen. Im Gegensatz zum Terrorismus, bei dem Straftaten zum Erreichen politischer – oder auch religiöser (IS-Terrorismus) – Ziele verübt werden, werden Straftaten der organisierten Kriminalität aus materieller Gewinnerzielungsabsicht begangen. Nach den Gemeinsamen Richtlinien der Justizminister und Innenminister der Bundesländer zur Verfolgung der Organisierten Kriminalität wird diese wie folgt definiert:

> „Organisierte Kriminalität ist die von Gewinn- oder Machstreben bestimmte planmäßige Begehung von Straftaten, die einzeln oder in ihrer Gesamtheit von erheblicher Bedeutung sind, wenn mehr als zwei Beteiligte auf längere oder unbestimmte Dauer arbeitsteilig
> a. unter Verwendung gewerblicher oder geschäftsähnlicher Strukturen,
> b. unter Anwendung von Gewalt oder anderer zur Einschüchterung geeigneter Mittel
> oder
> c. unter Einflussnahme auf Politik, Massenmedien, öffentliche Verwaltung, Justiz oder Wirtschaft
> zusammenwirken."

Hierzu gehören u. a. Menschenhandel und Schlepperwesen, Prostitutionsausbeu-
tung, Entführung und Lösegelderpressung, Wirtschaftskriminalität, Drogenhandel,
illegaler Waffenhandel, Schmuggel, Schutzgelderpressung, Betrug (Internetbetrug),
Kreditkartenbetrug bzw. Kreditkartenfälschung, Hacking von Kontodaten zum
Gelddiebstahl, Autodiebstahl und Autoschieberei. Auch die weltweit verbreitete
Manipulation von Fußballspielen durch eine Wettmafia gehört zu den Erschei-
nungsformen der organisierten Kriminalität.

In der Organisierten Kriminalität sind neben Deutschen überwiegend Täter
mit ausländischen Wurzeln – aber vielfach mit deutschen Pässen – , insbesondere
arabische Großfamilien z. B. in Berlin, Bremen und anderen Großstädten straftätig.
Diese Clans schaffen sich angesichts der Ohnmacht der Strafverfolgungsbehörden
weitgehend. Freiräume für ihre Straftaten. Im Falle einer Strafverfolgung, die wegen
der notwendigen Beweisführung meistens sehr schwierig ist, lassen sie sich durch
teure Staatsanwälte meist erfolgreich verteidigen. Sie bilden so eine Art Parallel-
gesellschaft, der mit unseren rechtsstaatlichen Grundsätzen schwer beizukommen
ist. Die Justiz gerät in diesen Fällen deutlich an ihre Grenzen.

3.3   Verfahrensbeteiligte

3.3.1   Richter

3.3.1.1   Laienrichter und Berufsrichter

Wie aus der Übersicht zum Gerichtsaufbau hervorgeht, sind die meisten Strafgerichte
sowohl mit juristisch ausgebildeten Richtern als auch mit Laienrichtern (Schöffen)
besetzt. Dabei haben beide, Juristen wie Laien, in der Hauptverhandlung des Strafverfahrens dieselbe Aufgabe, nämlich über das Tatgeschehen und die mögliche
Schuld des Angeklagten zu urteilen. Eben weil beide Gruppen von Richtern im
Strafprozess hierbei gleichgestellt sind, wird im folgenden Text nur dann ausdrücklich von ehrenamtlichen Richtern, Schöffen, Laienrichtern, Richtern ohne Robe
gesprochen, wenn sie andere Aufgaben als die Berufsrichter wahrzunehmen haben.

Von allen am Strafverfahren beteiligten Personen nimmt der Richter die wohl
verantwortungsvollste Position ein. Er ist derjenige, der das Urteil spricht und
dafür die Verantwortung tragen muss. Bei ihm laufen alle Fäden in der Verhandlung zusammen. Der Rechtsanwalt Max Hirschberg, ein hervorragender Kenner
des deutschen und angelsächsischen Strafverfahrens, nannte es „eine fast über-
menschliche Aufgabe, die Strafverfolgung mit einer richterlichen Würdigung der
Tatfragen und Beweise zu vereinen". Ein Richter sollte sich daher darum bemühen,

die Beweise mit größter Besonnenheit zu würdigen und lieber Skepsis walten zu lassen, als mit Übereifer zu einem möglicherweise falschen Urteil zu gelangen. Im Gesetz wird die richterliche Tätigkeit folgendermaßen ausgedrückt:

Die rechtsprechende Gewalt wird durch Berufsrichter und durch ehrenamtliche Richter ausgeübt (§ 1 DRiG).

Der ehrenamtliche Richter ist im gleichen Maße wie ein Berufsrichter unabhängig (§ 45 Abs. 1 DRiG).

Wie dies im Einzelnen geschehen soll, ist in verschiedenen Gesetzen geregelt: dem Deutschen Richtergesetz (DRiG), dem Gerichtsverfassungsgesetz (GVG), dem Strafgesetzbuch (StGB), der Strafprozessordnung (StPO), dem Bundeszentralregistergesetz (BZRG), der Europäischen Menschenrechtskonvention (MRK) und nicht zuletzt im Grundgesetz für die Bundesrepublik Deutschland (GG); auf einzelne Vorschriften dieser Gesetze wird im Weiteren Bezug genommen.

3.3.1.2 Unabhängigkeit und Unparteilichkeit

Im zitierten Gesetzestext heißt es, dass der Richter unabhängig ist. Bei dieser Unabhängigkeit muss man die äußere von der inneren Unabhängigkeit unterscheiden. Die äußere Unabhängigkeit des Richters ist dadurch gewährleistet, dass er bei der Urteilsfindung keinen Vorgesetzten hat, also nicht Anordnungen einer Behörde, eines Amtsleiters oder eines Richterkollegen unterworfen ist.

Viel wichtiger aber ist die innere Unabhängigkeit, um die sich ein verantwortungsbewusster Richter in erster Linie bemühen sollte. Damit ist gemeint, dass er unparteiisch, „ohne Ansehen der Person" urteilen soll, d. h., er darf keinem Angeklagten gegenüber voreingenommen sein, mögen auch dessen Lebensführung oder gar bestimmte Äußerlichkeiten wie Kleidung und Frisur oder dessen Benehmen vor Gericht nicht den Vorstellungen des Richters entsprechen. Dass die absolute innere Unabhängigkeit eines Richters wohl nie erreicht werden kann, liegt auf der Hand, da auch der Richter ein menschliches Wesen mit allen seinen bewussten und unbewussten Schwächen ist. Hinzu kommt, dass der Richter in der Regel einer anderen Schicht entstammt als der Angeklagte und es ihm daher schwer fällt, die Lebensverhältnisse und Wertvorstellungen des Angeklagten nachzuvollziehen.

Abhängigkeiten eines Richters können entstehen durch seine persönliche Biographie, durch die Sachzwänge der Hierarchie (Vorsitzender Richter-Beisitzer, Proberichter), durch falschen Ehrgeiz und Streben nach Beförderung, durch subalternes Denken und vorauseilenden Gehorsam (vgl. hierzu Rolf Lamprecht: Vom Mythos der Unabhängigkeit – Über das Dasein und Sosein der deutschen Richter; Nomos Verlag Baden Baden 1995).

Die Gefahr, dem Angeklagten voreingenommen gegenüberzutreten, ist für den Richter besonders groß, wenn er mit ihm schon außerhalb des Verfahrens in engem Kontakt stand. Hier hat eine ausführliche Gesetzesregelung Abhilfe geschaffen. Nach den §§ 22, 23 StPO darf ein Richter an einem Strafverfahren nicht teilnehmen, wenn er von der angeklagten Tat selbst betroffen war oder mit dem Verletzten oder Angeklagten verwandt, verschwägert oder ähnlich eng (durch Vormundschaft, Adoption) verbunden ist; das Gleiche gilt, falls er bereits als Beamter der Staatsanwaltschaft oder der Polizei, als Rechtsanwalt, Zeuge oder Sachverständiger mit der Sache befasst war. Genauso wenig ist es zulässig, dass ein Richter über dieselbe Sache ein zweites Mal Recht spricht. Hat er zum Beispiel schon in der 1. Instanz über den Angeklagten geurteilt, darf er in dieser Sache im Falle seiner Versetzung nicht mehr als Berufungsrichter entscheiden; der Grund hierfür liegt wohl auf der Hand – es wäre doch nur allzu menschlich, dass der Richter von vornherein auf seinem alten Urteil beharren würde, so dass der Angeklagte ohne faire Chance bliebe.

Aber außer diesen Fällen, die in der Strafprozessordnung einzeln aufgezählt sind, bleiben viele Situationen denkbar, in denen die „Besorgnis der Befangenheit" eines Richters – so heißt es in § 24 StPO – berechtigt erscheinen kann. Ist der Richter mit dem Angeklagten befreundet oder umgekehrt: hat er mit ihm noch eine alte Rechnung aufzumachen, so ist ein unparteiisches Urteil kaum zu erwarten. Aber auch das Verhalten eines Richters während des Prozesses kann zu Zweifeln an seiner Unparteilichkeit Anlass geben, etwa wenn der Richter schon während der Verhandlung die Strafe andeutet oder den Angeklagten moralisch abwertet, wie es zuweilen vorkommt.

Hat ein Schöffe nun Bedenken, ob er von der Ausübung seines Amtes gesetzlich ausgeschlossen ist oder ob etwas vorliegt, das seine Ablehnung aus „Besorgnis der Befangenheit" erforderlich machen könnte, wird er dem Vorsitzenden die möglichen Gründe mitteilen und um rechtliche Auskunft fragen. Die endgültige Entscheidung hierüber überlässt die Strafprozessordnung nämlich den Berufsrichtern. Außer dem Richter selbst haben natürlich der Angeklagte, der Nebenkläger, aber auch die Staatsanwaltschaft die Möglichkeit, Mitglieder des Gerichts wegen „Besorgnis der Befangenheit" abzulehnen.

Wie sehr es auf die Unabhängigkeit des Richters ankommt, machen drei weitere Grundsätze deutlich: Zum einen besteht für den Richter Schweigepflicht hinsichtlich des Hergangs der Beratung (jedoch nicht der Hauptverhandlung, die ja bekanntlich öffentlich ist – mit Ausnahme von Strafsachen gegen Jugendliche). Durch diese Schweigepflicht soll die Unbefangenheit während der Beratung geschützt werden; dort soll jeder seine Meinung sagen können, ohne dass er zu fürchten brauchte, Außenstehende erführen je davon.

Zum zweiten soll das Verbot der sogenannten Rechtsbeugung (§ 339 StGB) die alleinige Orientierung des Richters an Recht und Gesetz sicherstellen:

> Ein Richter,..., welcher sich bei der Leitung oder Entscheidung einer Rechtssache zugunsten oder zum Nachteil einer Partei einer Beugung des Rechts schuldig macht, wird mit Freiheitsstrafe von einem Jahr bis zu fünf Jahren bestraft (§ 339 StGB).

Damit ist nicht nur die absichtlich falsche Anwendung von Rechtsvorschriften verboten, die praktisch nur der Berufsrichter kennen kann, vielmehr ist auch die bewusste Missachtung allgemein einsichtiger Rechtsgrundsätze unter Strafe gestellt: z. B. das absichtliche Unterlassen von Maßnahmen, die der weiteren notwendigen Aufklärung eines Falles dienen können. In der Praxis kommt es allerdings äußerst selten vor, dass in normalen Zeiten ein Richter wegen Rechtsbeugung verurteilt wird, da in aller Regel der Nachweis des vorsätzlichen Verhaltens im Sinne des § 339 StGB nicht erbracht werden kann.

Eine bedeutende Rolle spielte der Rechtsbeugungsparagraph jedoch nach Systemumbrüchen, wie sie Deutschland in den letzten Jahren zweimal erlebt hat. Trotz jahrzehntelanger Diskussion über die Unrechtstaten der Nazi-Justiz ist kein Richter des Dritten Reichs wegen seiner damaligen Rechtsprechung verurteilt worden. Die Rechtsbeugungsdiskussion ist nach Auflösung der DDR wieder aufgelebt, und bis jetzt wurde tatsächlich ein Dutzend Richter der untergegangenen Republik wegen Rechtsbeugung verurteilt.

Schließlich sollen weitere Strafvorschriften parteiisches Vorgehen und Abhängigkeit bei der Urteilsfindung vermeiden, indem sie verbieten, eine richterliche Handlung, selbst wenn sie an und für sich rechtmäßig wäre, zu einem Geschäftsobjekt zu machen:

> Ein Richter oder Schiedsrichter, der einen Vorteil als Gegenleistung dafür fordert, sich versprechen lässt oder annimmt, dass er eine richterliche Handlung vorgenommen hat oder künftig vornehme, wird mit Freiheitsstrafe bis zu fünf Jahren oder mit Geldstrafe bestraft. Der Versuch ist strafbar (§ 331 Abs. 2 StGB).

Noch strenger als gegen diese sogenannte Vorteilsannahme geht das Strafgesetzbuch gegen den bestechlichen Richter vor, denjenigen also, der um einer Gegenleistung willen seine Dienstpflichten verletzt:

> Ein Richter ..., der einen Vorteil als Gegenleistung dafür fordert, sich versprechen lässt oder annimmt, dass er eine richterliche Handlung vorgenommen hat oder künftig vornehme und dadurch seine richterlichen Pflichten verletzt hat oder verletzen würde, wird mit Freiheitsstrafe von einem bis zu zehn Jahren, in minder schweren Fällen mit Freiheitsstrafe von sechs Monaten bis zu fünf Jahren bestraft (§ 332 Abs. 2 StGB).

Dabei macht sich schon der Richter strafbar, der sich auch nur bereit gezeigt hat, bei einer künftigen Amtshandlung seine Pflichten zu verletzen (§ 332 Abs.3 StGB). Wer umgekehrt einen Richter zur Vorteilsannahme auffordert oder aber ihn bestechen will, den bedroht das Strafgesetzbuch ebenfalls mit Strafe (§§ 333, 334 StGB).

3.3.1.3 Das Arbeitspensum der Richter und Staatsanwälte – Pensenschlüssel (PEBB§Y)

Für das von einem Richter oder Staatsanwalt zu erbringende Arbeitspensum hat die Justizverwaltung einen Pensenschlüssel (frühere Bezeichnung) vorgegeben, der jetzt unter dem Namen „PEBB§Y" (Personalbedarfsberechnungssystem) läuft. Zur Erstellung dieses Schlüssels für die Bearbeitung einer Sache haben einige wohl übereifrige Richter und Staatsanwälte sogenannte Basiszahlen in Minuten aufgestellt, in denen eine Sache bearbeitet werden sollte. Diese vorgegebenen Arbeitszeiten sind allerdings – wohl aus Gründen einer von der Justizverwaltung gewünschten Minimierung des Justizapparates – so knapp bemessen, dass dies ein gewissenhafter Richter oder Staatsanwalt in der ihm zur Verfügung stehenden normalen Arbeitszeit gar nicht schaffen kann – es sei denn, er arbeitet oberflächlich oder mit einem gehörigen Maß an Überstunden. Die Qualität der Arbeit leidet daher bei Zugrundelegung dieses vorgegebenen Pensums in der Regel erheblich. Nicht wenige Gerichte bzw. Staatsanwaltschaften halten sich inzwischen bei ihrer Geschäftsverteilung auch nicht mehr an diese von der Justizverwaltung vorgegebenen Erledigungszahlen. Das führt dann zwangsläufig zu erheblichen Bearbeitungsrückständen, mit der Folge, dass manchmal durchaus gefährliche Straftäter aus der Untersuchungshaft entlassen werden müssen, weil die 6-Monats-Grenze bis zum Prozessbeginn (§ 121 StPO) überschritten worden ist und das Oberlandesgericht eine Verlängerung dieser Frist nicht genehmigt hat, oder aber es muss ein sog. „Strafrabatt" gewährt werden, weil zwischen der Tat und der Aburteilung schon zu viel Zeit vergangen ist – manchmal mehrere Jahre! Auch der eifrigste Richter oder Staatsanwalt wird bei Zugrundelegung des PEBB§Y-Spiegels gezwungenermaßen die Bearbeitungszeit eines Falles dem vorgegebenen Pensum anpassen, d. h. die Bearbeitungstiefe verringern, um nicht Rückstände zu bilden. Der Deutsche Richterbund und auch Justizminister Maas forderten deshalb seit langem eine deutliche Verstärkung des Personals innerhalb der Justiz, um dem Ruf nach einer funktionierenden, gerechten und schnellen Strafjustiz nachzukommen. Bei der jetzigen (2018) aktuellen Personalstärke bei Richtern und Staatsanwälten – auch Rechtspflegern und Geschäftsstellenpersonal – hat die Strafjustiz weitgehend nur Alibicharakter für eine sachgerechte schnelle Reaktion des Staates auf abweichendes – kriminelles – Verhalten.

3.3.2 Staatsanwaltschaft

Die Staatsanwaltschaft hat primär die Aufgabe der Strafverfolgung. Sie bedient sich dabei ihrer „Hilfsbeamten", den Beamten des Polizeidienstes (Kripo), oder führt eigene Vernehmungen durch. Sie entscheidet nach dem Abschluss ihrer Ermittlungen, ob das Verfahren eingestellt oder angeklagt werden soll. Sie hat auch zu entscheiden, vor welchem Gericht (Strafrichter, Schöffengericht, Strafkammer des Landgerichts) sie anklagt. Die Staatsanwaltschaft soll nicht um jeden Preis eine Verurteilung anstreben, sondern auch die entlastenden Beweise ermitteln (§ 160 Abs. 2 StPO). Damit ist sie aber psychologisch häufig überfordert. Das Bild von der „objektivsten Behörde der Welt", das die Staatsanwaltschaft gern für sich in Anspruch nimmt, ist oft nur Fiktion; allzu leicht strebt der Staatsanwalt eine Verurteilung an und überlässt das Vorbringen entlastender Fakten dem Verteidiger. Diese Aufgabenteilung beruht wohl darauf, dass die Staatsanwaltschaft durch die Anklageerhebung zu erkennen gegeben hat, dass sie die Überführung des Beschuldigten für wahrscheinlich hält, sich also schon vor der Hauptverhandlung in gewisser Weise festgelegt hat und ein Plädoyer zugunsten des Angeklagten in der Hauptverhandlung sich notwendigerweise gegen die eigene Anklage richten müsste.

Der Staatsanwalt genießt nicht die gleiche Unabhängigkeit wie der Richter. Es können ihm Weisungen von seinem Dienstvorgesetzten erteilt werden, die sich zum Beispiel auf die Anklageerhebung, die zu beantragende Strafe und die Zustimmung zur Einstellung des Verfahrens beziehen können. Von diesem Weisungsrecht wird heutzutage nur sehr zurückhaltend Gebrauch gemacht – allenfalls mal bei Fällen mit politischem Hintergrund oder bei die Öffentlichkeit sehr bewegenden Verfahren.

In der ehemaligen DDR wurde dagegen vom Weisungsrecht der Staatsanwaltschaft institutionell Gebrauch gemacht. Es fanden regelmäßig Dienstbesprechungen der Staatsanwälte mit dem Bezirks- bzw. Kreis-Staatsanwalt statt, in denen die bevorstehenden Strafverhandlungen von gewisser Bedeutung besprochen und dabei der vom jeweiligen Sitzungsvertreter zu stellende Strafantrag bereits vorher festgelegt wurde. Nur in Ausnahmefällen durfte der Sitzungsvertreter von diesem Antrag abweichen, z. B. wenn die Hauptverhandlung ein ganz anderes Bild ergab als aus dem Akteninhalt zu ersehen war. Überdies war der Kreis- bzw. Bezirks-Staatsanwalt organisatorisch in die Kreis- bzw. Bezirksleitung der SED eingebunden, so dass auch von dort aus jederzeit Einfluss auf die Staatsanwaltschaft genommen werden konnte.

Derartige Weisungen können den in der Hauptverhandlung auftretenden Staatsanwalt auch heute noch in eine Konfliktsituation bringen, nämlich dann, wenn die Weisung seiner eigenen, aus dem Prozessverlauf gewonnenen Überzeugung widerspricht. Es besteht für ihn dann nur die Möglichkeit, sich durch einen anderen Staatsanwalt austauschen zu lassen. Im Gegensatz zu den Richtern, die an der gesamten Strafverhandlung ohne Unterbrechung teilnehmen müssen, können sich Staatsanwälte innerhalb einer Hauptverhandlung ablösen, gegebenenfalls auch zu mehreren gleichzeitig vertreten sein.

3.3.3 Privatkläger

Im Wege der Privatklage können leichtere Delikte – z. B. Hausfriedensbruch, Beleidigung, einfache oder fahrlässige Körperverletzung, Nötigung, Sachbeschädigung – vom Verletzten bzw. seinem gesetzlichen Vertreter ohne eine Mitwirkung der Staatsanwaltschaft verfolgt werden (§ 374 StPO). Die Staatsanwaltshaft kann die Verfolgung allerdings übernehmen, wenn sie dies im öffentlichen Interesse für erforderlich hält. Dann läuft das Verfahren wie ein normales Strafverfahren weiter. Der Privatkläger scheidet als solcher dann aus dem Verfahren aus, kann allerdings seinen Anschluss als Nebenkläger erklären (siehe nachfolgend unter 3.3.4). Das Gericht kann bei geringer Schuld das Verfahren allerdings einstellen (§ 383 StPO). Hiergegen kann der Verletzte sofortige Beschwerde einlegen, über die dann das übergeordnete Landgericht entscheidet. Das Privatklageverfahren kann auch mit einem **Vergleich** zwischen dem Privatkläger und dem Privatbeklagten abgeschlossen werden. In diesen Fällen gib der Privatbeklage meistens eine Ehrenerklärung (bei Beleidigungsdelikten) ab oder er erklärt sich bereit, Schadensersatz bzw. eine Geldbuße an einen gemeinnützigen Verein zu leisten sowie die Kosten des Verfahrens ganz oder teilweise zu übernehmen.

Eine Privatklage ist allerdings erst zulässig, wenn vorher ein erfolglos verlaufener **Sühneversuch** vor einer von der Landesjustizbehörde vermittelten Vergleichsbehörde stattgefunden hat.

Bei Verfahren gegen Jugendliche (14 - 17 Jahre) ist eine Privatklage nicht zulässig (§ 80 JGG).

Da die Privatklage vor dem Einzelrichter des Amtsgerichts geführt wird, scheidet eine Mitwirkung von Schöffen bei einer Privatklage aus.

3.3.4 Nebenkläger

Bei einigen Delikten (z. B. Straftaten gegen die sexuelle Selbstbestimmung, Beleidigung, Körperverletzung, Menschenraub, Entführung, Geiselnahme) kann der Verletzte beantragen, im Verfahren als Nebenkläger zugelassen zu werden. Die gleiche Befugnis haben die Eltern, Kinder, Geschwister und der Ehegatte eines durch eine Straftat Getöteten. Der Nebenkläger darf sich auch durch einen Rechtsanwalt vertreten lassen. Bei schweren Sexualdelikten, Menschenhandel, Menschenraub, versuchten Tötungsdelikten (bei Vollendung haben die Angehörigen das Recht), schwerer Nachstellung (sog. Stalking), schwerem Raub bzw. räuberischer Erpressung ist dem Nebenkläger auf seinen Antrag hin ein Rechtsanwalt als Beistand zu bestellen. Für den Fall, dass er in den sonstigen Fällen nicht über ausreichende Geldmittel zur Bezahlung des Rechtsanwaltes verfügt, kann er bei dem erkennenden Gericht einen Antrag auf Bewilligung von Prozesskostenhilfe stellen.

Der Nebenkläger ist berechtigt, an den Angeklagten, die Zeugen und Sachverständigen Fragen zu stellen, er kann Anträge zum Gang des Verfahrens und am Schluss der Hauptverhandlung zum Strafmaß stellen und er hat das Recht, unabhängig von der Staatsanwaltschaft, Rechtsmittel gegen das ergangene Urteil einzulegen. Im Verfahren gegen Jugendliche (14–17jährige) ist eine Nebenklage allerdings nur bei besonders schweren Verbrechen gegen das Leben oder die körperliche Unversehrtheit bzw. die sexuelle Selbstbestimmung sowie bei schweren Raubstraftaten zulässig (§ 80 JGG).

3.3.5 Adhäsionskläger (Entschädigung des Verletzten)

Im sog. Adhäsionsverfahren oder Anhangsverfahren wird dem durch eine Straftat Verletzten oder seinen Erben ermöglicht, die bürgerlichen Ersatzansprüche gegen einen Angeklagten geltend zu machen, ohne eine Klage vor dem Zivilgericht erheben zu müssen (§ 403 StPO). Nur vermögensrechtliche Ansprüche, die noch nicht anderweitig gerichtlich anhängig gemacht worden sind, können auf diese Weise im Strafverfahren geltend gemacht werden. In Betracht kommen nach der höchstrichterlichen Rechtsprechung Ansprüche auf Schadensersatz und Schmerzensgeld (§ 847 BGB), aber auch Herausgabe- und Bereicherungsansprüche sowie Unterlassungsansprüche, mit denen wirtschaftliche Interessen verfolgt werden. Auch ein nur mittelbar Verletzter ist antragsberechtigt, z. B. bei Sachbeschädigung oder Brandstiftung der Nießbraucher, Mieter oder Pächter neben dem Eigentümer, sowie der nach § 844 Abs. 2 BGB Unterhaltsberechtigte eines durch einen Angeklagten Getöteten.

Das Gericht entscheidet über den geltend gemachten Anspruch zusammen mit dem Strafurteil. Es kann allerdings von einer Entscheidung absehen, wenn der Antrag sich auch unter Berücksichtigung der berechtigten Belange des Antragstellers zur Erledigung im Strafprozess nicht eignet oder wenn eine weitere notwendige Prüfung des Anspruchs das Strafverfahren erheblich verzögern würde (§ 406 StPO).

Im Rahmen des Adhäsionsverfahrens kann auch ein durch die Parteien ausgehandelter **Vergleich** beurkundet werden, aus dem dann wie in einem Zivilrechtsstreit geschlossenen Vergleich vollstreckt werden kann (§ 405 StPO). Erkennt der Angeklagte den Anspruch an, ergeht ein Anerkenntnisurteil (406 Abs. 2 StPO). Im Verfahren gegen Jugendliche (zur Tatzeit 14–17 Jahre alt) ist ein Adhäsionsantrag allerdings nicht zulässig (§ 81 JGG).

3.3.6 Vertreter der Jugendgerichtshilfe

Wird gegen Jugendliche (14–17jährige) und Heranwachsende (18–20jährige) verhandelt, so ist am gesamten Verfahren ein vom Jugendamt abgestellter Vertreter der Jugendgerichtshilfe beteiligt. Er bringt „die erzieherischen, sozialen und fürsorgerischen Gesichtspunkte im Verfahren vor den Jugendgerichten zur Geltung" – wie es in § 38 Abs. 2 des Jugendgerichtsgesetzes (JGG) heißt. Dieser Vertreter der Jugendgerichtshilfe soll schon im Ermittlungsverfahren – spätestens bei Anklageerhebung – von der Staatsanwaltschaft beauftragt werden, einen Bericht über die Persönlichkeit, Entwicklung und das Umfeld des Angeklagten anzufertigen. Dabei ist er allerdings in der Praxis auf die zwangsläufig subjektiv gefärbten Angaben angewiesen, die der Angeklagte und seine Eltern ihm gegenüber machen. Infolge der bekannten Arbeitsüberlastung der Jugendämter gelingt es dem Jugendgerichtshelfer nur in Ausnahmefällen, dem Gericht ein wirklich umfassendes und objektives Bild von dem Angeklagten und seinem sozialen Umfeld zu vermitteln.

Der Vertreter der Jugendgerichtshilfe soll sich in der Verhandlung auch zu den in Betracht kommenden richterlichen Maßnahmen äußern und dazu Vorschläge machen. Bei Heranwachsenden soll er sich insbesondere dazu äußern, ob diese in ihrer Entwicklung mehr Jugendlichen gleichstehen, in diesem Fall wird auf sie Jugendstrafrecht angewandt (§ 105 JGG), oder aber nach Erwachsenenstrafrecht abzuurteilen sind.

Nach dem Urteil soll der Vertreter der Jugendgerichtshilfe etwa ausgesprochene Weisungen und Auflagen organisieren und überwachen und erhebliche Zuwiderhandlungen dagegen dem Gericht mitteilen. Er soll während der Bewährungszeit eng mit dem Bewährungshelfer zusammenarbeiten. Außerdem soll er während des Vollzugs von Jugendarrest oder Jugendstrafe mit dem Jugendlichen in Verbindung bleiben und ihn bei seiner Wiedereingliederung in die Gesellschaft unterstützen. Letztere Forderungen des § 38 JGG werden bedauerlicherweise in der Praxis der Jugendgerichtshilfe wenig bis überhaupt nicht wahrgenommen.

3.3.7 Gerichtshilfe

Im Gegensatz zum Jugendverfahren ist die Beteiligung der Gerichtshilfe am Verfahren gegen Erwachsene nicht zwingend vorgeschrieben, sondern wird in das Ermessen des jeweiligen Richters gestellt. Der Richter für Erwachsene hat damit eine Hilfsstelle zur Verfügung, die ihm bei der Erforschung der Persönlichkeit und des sozialen Umfeldes des Angeklagten dienlich sein kann, insbesondere im Hinblick auf die Ursachen und Beweggründe für das strafbare Verhalten sowie die Einwirkungsmöglichkeiten und Wege für eine künftige geordnete Lebensführung des Täters. Ferner kann die Gerichtshilfe zur Vorbereitung folgender Entscheidungen herangezogen werden, die dem Urteil nachfolgen:

- Entscheidungen, die sich auf eine Strafaussetzung zur Bewährung beziehen,
- Entscheidungen im Zusammenhang mit der Aussetzung der Vollstreckung des Restes einer zeitigen Freiheitsstrafe zur Bewährung,
- Entscheidungen im Zusammenhang mit Maßregeln der Besserung und Sicherung,
- Entscheidungen im Gnadenverfahren und im Verfahren über Strafregistervergünstigungen (z. B. vorzeitige Tilgung aus dem Strafregister),
- Entscheidungen im Zusammenhang mit der Bewilligung von Strafaufschub, Stundung oder Ratenzahlung sowie über das Absehen von der Vollstreckung von Ersatzfreiheitsstrafe bei Verurteilung zu Geldstrafe.

Es bleibt zu hoffen, dass die Gerichtshilfe für Erwachsene von den Landesjustizverwaltungen personell ausreichend ausgestattet wird, so dass sie ihrer Aufgabe gerecht werden kann, und dass die Gerichte von dieser Hilfe reichlich Gebrauch machen werden.

3.3.8 Bewährungshilfe

Zwar nicht direkt am Verfahren beteiligt, aber doch von großer Bedeutung auch für dessen Ergebnis, ist die Bewährungshilfe. Zwar gilt bei allen Strafjuristen, egal welcher der sogenannten Straftheorien sie anhängen, die Verurteilung eines Rechtsbrechers als bestes Mittel der Kriminalitätsbekämpfung. Dabei wäre aber eine intensive Betreuung und Kontrolle des Verurteilten zur Verhütung weiterer Straftaten viel effektiver. Denn leider stehen viele Angeklagte schon zum wiederholten Male vor Gericht. Rund 50 % aller bekannt gewordenen Straftaten sind Wiederholungstaten. Wenn Verurteilungen tatsächlich spezialpräventiv wirkten, also den Verurteilten von der Begehung weiterer Straftaten abhielten, wäre die

Kriminalität glatt halbiert. Da der Strafvollzug in den Gefängnissen teuer, aufwendig und dennoch von zweifelhaftem Wert ist, der Strafrechtsreformer Franz v. Liszt (1851–1919) nannte die Zuchthäuser gar „Hohe Schulen des Verbrechens", ist es oft effektiver, die Strafe zur Bewährung auszusetzen und dem Verurteilten einen Bewährungshelfer beizuordnen. Wenn eine Freiheitsstrafe zur Bewährung ausgesetzt wird, was nach § 56 StGB mit Freiheitsstrafen bis zu einem Jahr bei günstiger Prognose geschehen soll und im Ausnahmefall sogar bei Strafen bis zu zwei Jahren möglich ist, unterstellt das Gericht dem Verurteilten für die Dauer der zwei- bis fünfjährigen Bewährungszeit „der Aufsicht und Leitung eines Bewährungshelfers". Das gleiche gilt, wenn – wie es die Regel ist – nach Verbüßung von zwei Dritteln der Strafe der Rest zur Bewährung ausgesetzt wird. In Deutschland stehen etwa 130.000 Personen unter Bewährungshilfe, etwa doppelt so viele, wie einsitzen. Natürlich sind die mehr als 2.000 Bewährungshelfer damit hoffnungslos überlastet; im Durchschnitt hat jeder ca. 60 Klienten, aber dennoch leisten sie gute Arbeit. 1991 z. B. endete die Bewährungsaufsicht für rund 30.000 Erwachsene, von denen 20.500 die Bewährung bestanden hatten; nur bei einem Drittel wurde sie widerrufen, wegen Verstößen gegen Bewährungsauflagen oder wegen Rückfälligkeit. Führt man sich die Probleme des Strafvollzugs in den Gefängnissen vor Augen, in denen Drogenabhängige und Ausländer wesentlich stärker vertreten sind als in der Gesamtbevölkerung, wo inhaftierte Rechtsradikale erfolgreich unter Mitgefangenen agitieren und wo mancher erstmals in Kontakt mit Drogen kommt, so scheint es sinnvoller, die Bewährungshilfe zu stärken. Sicher ist es humaner, effektiver und kostengünstiger, mehr in die Verhütung von Rückfällen zu investieren als Anstalten zu füllen, die ihrer gesetzlichen Aufgabe, den Inhaftierten auf ein gesetzestreues Leben vorzubereiten, kaum nachkommen können.

3.3.9 Verteidiger

Der Verteidiger hat nach der deutschen Strafprozessordnung die Pflicht, dem Angeklagten beizustehen. Am besten wird seine Aufgabe mit dem folgenden, von Rechtsprechung und Rechtswissenschaft entwickelten Pflichtenkatalog beschrieben:

- Er hat alles vorzubringen, was nach sachlichem oder Verfahrensrecht dem Beschuldigten günstig ist, hat dazu auch an Zeugen und Sachverständigen Kritik zu üben und die Befangenheit eines Richters zu rügen.
- Er darf nicht zur Überführung des Angeklagten beitragen.
- Er ist nicht berechtigt, ihm bekanntes belastendes Material vorzutragen, sondern handelt pflichtwidrig, wenn er es tut.

- Er muss Freispruch beantragen, wenn ihm der Nachweis der Schuld des Angeklagten nicht lückenlos geführt erscheint. Der eigene Glaube an die Schuld darf ihn nicht davon abhalten, seiner Pflicht nachzukommen.
- Die Pflicht, zur Aufdeckung der Wahrheit tätig zu sein, obliegt ihm nur, wenn und soweit er hierdurch die Unschuld oder geringere Strafbarkeit des Angeschuldigten dartun kann.

Der Verteidiger unterliegt nicht der Disziplinargewalt des Gerichts. Ordnungsstrafen können ihm gegenüber nicht verhängt werden. In bestimmten Fällen kann jedoch der Verteidiger von der weiteren Mitwirkung im Verfahren ausgeschlossen werden, vor allem, wenn er verdächtig ist, an der Tat, die den Gegenstand der Verhandlung bildet, beteiligt zu sein oder wenn seine Anwesenheit die Staatssicherheit gefährden würde. Der Verteidiger ist nicht lediglich Vertreter des Angeklagten, wie es nach dem Pflichtenkatalog den Anschein haben könnte, sondern darüber hinaus Träger eigener Rechte und Pflichten im Strafverfahren.

In Fällen „notwendiger Verteidigung" kann bzw. muss dem Angeklagten, der keinen Verteidiger gewählt hat, notfalls auch gegen seinen Willen einer beigeordnet werden. Ohne Verteidiger darf in derartigen Fällen nicht verhandelt werden. Notwendig ist nach § 140 StPO eine Verteidigung, wenn

- vor dem Landgericht oder Oberlandesgericht in 1. Instanz verhandelt wird,
- wegen eines Verbrechens (Mindeststrafdrohung 1 Jahr Freiheitsstrafe) angeklagt wurde,
- gegen einen Beschuldigten Untersuchungshaft oder eine einstweilige Unterbringung in einem psychiatrischen Krankenhaus oder einer Entziehungsanstalt vollstreckt wird,
- der Beschuldigte mindestens drei Monate in eine Anstalt eingewiesen war,
- die Möglichkeit besteht, dass über den Angeklagten ein Berufsverbot verhängt wird,
- eine Unterbringung in einem psychiatrischen Krankenhaus zur Vorbereitung eines Gutachtens über den psychischen Zustand des Beschuldigten in Frage kommt,
- wenn der bisherige Wahlverteidiger von der weiteren Verhandlung ausgeschlossen wurde.

Darüber hinaus soll ein Verteidiger beigeordnet werden, wenn

- die Tat schwer,
- die Rechtslage oder

- die Sachlage schwierig ist oder
- der Angeklagte aus anderen Gründen nicht imstande ist, sich allein zu verteidigen, insbesondere wenn er taub oder stumm ist.

Die Frage zu beurteilen, ob die Rechts- oder Sachlage schwierig ist, und zu erkennen, ob der Angeklagte imstande ist, sich allein zu verteidigen, ist für einen Berufsrichter manchmal schwieriger als für einen juristischen Laien. Nur allzu leicht legt der Berufsrichter dabei juristischen Sachverstand zugrunde und erkennt nicht die Verständnis- und Verständigungsschwierigkeiten des Angeklagten. Bei Zweifeln daran, dass der Angeklagte imstande sei, auf die Verhandlung Einfluss zu nehmen, sollte daher der Laienrichter anregen, einen Verteidiger beizuordnen. Der Angeklagte soll nämlich der Verhandlung nicht nur folgen können; er muss in die Lage versetzt werden, sie aktiv mitzugestalten.

Bei zur Tatzeit Jugendlichen (14–18 Jahre) soll nach der EU-Richtlinie 2016/800, die bis zum 11.06.2019 in nationales Recht umzusetzen ist, möglichst schon bei der ersten polizeilichen Befragung eines Tatverdächtigen ein Pflichtverteidiger bestellt werden – wobei bei absoluten Bagatellvergehen allerdings davon abgesehen werden kann (z. B. in Fällen, die durch Diversion erledigt werden können – vgl. Kapitel 5.8).

3.3.10 Der Angeklagte

Anders als im Inquisitionsprozess soll in unserem Strafverfahren der Angeklagte nicht „Untersuchungsobjekt" des Verfahrens, sondern aktiv Mitgestaltender sein. Strafprozesskommentare nennen dies ein Gebot des Artikels 1 des Grundgesetzes, der die Würde des Menschen für unantastbar erklärt. Die Strafprozessordnung wird auch gerne als „Ausführungsgesetz von Artikel 1 GG" bezeichnet. Doch kann die Beachtung der Menschenwürde nicht einfach gesetzlich dekretiert werden. Sie bedarf in jedem Prozess aufs Neue der Verwirklichung. Verfahrensgrundsätze können dabei nur den äußeren Rahmen, die Minimalanforderungen, festsetzen. Die wichtigsten Verfahrensgrundsätze, die den Schutz des Angeklagten bezwecken, sollen nachfolgend kurz erläutert werden. Aufgabe der Richter, auch der Laienrichter, ist es, ihnen Geltung zu verschaffen, und zwar nicht nur formal, dem Buchstaben nach, sondern auch inhaltlich, dem Sinn der Vorschrift entsprechend.

3.4   Verfahrensgrundsätze

3.4.1   Waffengleichheit

Ein wesentliches Gestaltungsprinzip des reformierten Strafprozesses soll die Chancengleichheit von Anklage und Verteidigung sein. Dem reformierten, liberalisierten Strafprozess lag die aufklärerische Erkenntnis zugrunde, dass in einem förmlichen Verfahren durch Anhörung beider Seiten die Wahrheit am besten erforscht werden könne. Treffend beschreibt dies der Strafrechtsreformer Franz v. Liszt (1851–1919): „Staatsanwaltschaft und Verteidiger sind in gleicher Weise berufen, der Wahrheitserforschung zu dienen, aber nicht unmittelbar, sondern mittelbar, d. h. dadurch, dass jeder seinen Parteistandpunkt vertritt, soll die Wahrheit kundwerden". Hier kommt zum Ausdruck, dass jeder nur eine Seite der Wahrheit vortragen kann, und gerade, indem er das tut, dient er der Wahrheitsfindung.

Funktionieren kann dieses Modell freilich nur, wenn zumindest annähernd eine „Waffengleichheit" besteht. Gesetz ist dieser Grundsatz bei uns durch die 1952 vom Bundestag ratifizierte Europäische Menschenrechtskonvention geworden, deren Artikel 6 ein faires Verfahren (fair trial) garantiert. Ein solcher Grundsatz kann aber wenig daran ändern, dass auf der einen Seite die gesamte Staatsgewalt (Polizei, Staatsanwaltschaft), auf der anderen Seite ein Angeklagter steht, bestenfalls von einem Verteidiger unterstützt, der sich für die Belange des Angeklagten engagiert. Die Ermittlungen und das Sichern von Beweisen kosten Zeit und Geld, was beides der Staatsanwaltschaft unbegrenzt, dem Angeklagten und seinem Verteidiger aber nur in Maßen zur Verfügung steht. Bei eigener Beweiserhebung setzt sich der Verteidiger auch leicht dem Verdacht aus, er wolle Beweismittel manipulieren oder Zeugen beeinflussen. Angesichts dieser Übermacht kann ernsthaft nicht von Waffengleichheit gesprochen werden. Nur unzulänglich wird diese Überlegenheit der Staatsanwaltschaft dadurch ausgeglichen, dass diese gem. § 160 Abs. 2 StPO auch zugunsten des Angeklagten zu ermitteln hat. Die Vorschrift erweckt den Anschein, als sei es so, dass die Staatsanwaltschaft mit der gleichen Intensität, mit der sie belastendes Material sammelt, auch nach Entlastungsbeweisen sucht. Das führt dann allzu leicht zu dem Fehlschluss, dass das, was die Staatsanwaltschaft im Prozess vorträgt, bereits die beide Seiten berücksichtigende Wahrheit sei. Es besteht die Gefahr, dass die Berufsrichter sich ein Vor-Urteil nach dem Stand der Ermittlungsakten, in denen in erster Linie die Staatsanwaltschaft, weniger die Verteidigung zu Worte kommt, bilden.

Symbolisch wird die Nähe der Staatsanwaltschaft zum Gericht durch den erhöhten Platz des Staatsanwaltes jenseits der Gerichtsbarriere ausgedrückt. In letzter Konsequenz muss es also so erscheinen, als sei die Verteidigung überflüssig, als könne ihre Aufgabe ganz gut auch vom Staatsanwalt mitübernommen werden. Diese Auffassung wurde in der Tat in der nationalsozialistischen Justiz vertreten.

3.4.2   „In dubio pro reo" (im Zweifel für den Angeklagten)

Der Grundsatz „Im Zweifel für den Angeklagten" war bereits fester Bestandteil des antiken römischen Strafprozesses. Er besagt, dass in allen Zweifelsfragen die dem Angeklagten günstigere Möglichkeit zugrunde gelegt werden muss. Wenn auch vieles für eine Täterschaft des Angeklagten spricht, so ist er bei Berücksichtigung des In-dubio-pro-reo-Satzes doch freizusprechen, wenn ihm die Tat nicht mit Sicherheit nachzuweisen ist. Das gilt auch, wenn er sich beharrlich ausschweigt, er braucht die Zweifel an seiner Täterschaft nicht vorzutragen. Jedoch nicht nur bei der Tatfrage, sondern auch, wenn es sich darum dreht, ob eine schwerere oder leichtere Straftat begangen wurde (Diebstahl oder besonders schwerer Diebstahl, Totschlag oder Mord) ist beim leisesten Zweifel wegen der leichteren zu bestrafen. Schließlich gilt der Grundsatz auch bei der Beurteilung der Schuld. Wenn nicht ganz klar ist, ob der schädigende Erfolg vorsätzlich oder fahrlässig verursacht wurde, ist von der milderen Schuldform, der Fahrlässigkeit, auszugehen. Wenn Zweifel an der Schuldfähigkeit bestehen, so ist von verminderter Schuldfähigkeit oder gar aufgehobener Schuldfähigkeit auszugehen und entsprechend die Strafe zu mildern oder ganz von Strafe abzusehen.

3.4.3   Unschuldsvermutung

„Das Fundament unseres Strafprozesses – und wer das bestreitet, der möge bitte gleich ohne Federlesen füsilieren lassen – ist die Unschuldsvermutung", schrieb der Gerichtsreporter und Justizkritiker Gerhard Mauz. Er hat damit insofern Recht, als ein Prozess ohne die Offenheit seines Ausgangs sinnlos und nichts weiter als ein Verurteilungsritual wäre. Die Bestimmung, dass jeder, der wegen einer strafbaren Handlung angeklagt ist, als unschuldig gilt, bis die Schuld ihm in einem förmlichen Verfahren nachgewiesen wurde, ist zwar in verschiedenen Landesverfassungen enthalten, nicht aber im Grundgesetz. Gleichwohl gehört sie nach Auffassung des Bundesverfassungsgerichts zu den Prinzipien des rechtsstaatlichen Strafverfahrens: „Diese Unschuldsvermutung entspricht allgemeiner rechtsstaatlicher Überzeugung und ist durch Artikel 6 Abs. 2 der Europäischen Menschenrechtskonvention auch in das positive Recht der Bundesrepublik eingeführt worden". Der auch in Artikel 11 Abs. 1 der Allgemeinen Erklärung der Menschenrechte der Vereinten Nationen niedergelegte Grundsatz umfasst den bei uns als Gewohnheitsrecht anerkannten Satz „in dubio pro reo", geht jedoch weit über ihn hinaus.

Der in Straßburg ansässige Europäische Gerichtshof für Menschenrechte sieht die Unschuldsvermutung als Regel der Beweisaufnahme und der Beweiswürdigung an: „Die Beweislast trägt die Anklagevertretung, jeder Zweifel kommt dem Angeklagten zugute". Die Behandlung des Beschuldigten als Unschuldigen ist aber nicht nur eine Frage der Beweislast im Verfahren, sondern des gesamten Umgangs mit ihm, und das erwähnte Gericht verlangt über die Beweislastregelung hinaus, dass die Vermutung der Unschuld sich auch in der Einstellung des Gerichts zum Angeklagten niederschlägt. In der Prozesskonstruktion unserer Strafprozessordnung hat es die Unschuldsvermutung nicht leicht.

Der Eröffnungsbeschluss des Gerichts, in dem es sich bereits zu Beginn der Hauptverhandlung mit der Anklage identifiziert, die Aktenkenntnis der Richter und die Verhandlungsleitung des Vorsitzenden erschweren die Durchsetzung dieses Grundsatzes derart, dass Kritiker der Auffassung sind, die Unschuldsvermutung sei nur im Parteienprozess angelsächsischer Art gewährleistet. Unabhängig von der Prozesskonstruktion folgt jedoch aus der Unschuldsvermutung das Recht des Angeklagten, zu den gegen ihn erhobenen Vorwürfen zu schweigen (§ 243 Abs. 4 StPO), und aus diesem Recht ergibt sich konsequenterweise, dass ihm, wenn er Gebrauch davon macht, kein Nachteil daraus erwachsen darf. Das Bundesverfassungsgericht hat außerdem aus der Unschuldsvermutung abgeleitet, dass Untersuchungshaft „nur in streng begrenzten Ausnahmefällen zulässig" sei und es ausgeschlossen, „auch bei noch so dringendem Tatverdacht gegen den Beschuldigten im Vorgriff auf die Strafe Maßregeln zu verhängen, die in ihrer Wirkung der Freiheitsstrafe gleichkommen".

3.4.4 Rechtliches Gehör

Artikel 103 Abs. 1 des Grundgesetzes besagt: Vor Gericht hat jedermann rechtliches Gehör. In der Strafprozessordnung (§ 257) ist festgelegt, dass der Angeklagte nach der Vernehmung jedes Zeugen, Sachverständigen oder Mitangeklagten befragt werden soll, ob er etwas zu erklären habe. Darin erschöpft sich jedoch nicht das rechtliche Gehör, denn wie schon der Wortlaut des Artikels 103 GG besagt, wird nicht nur garantiert, etwas tun zu dürfen, sondern darüber hinaus auch damit gehört zu werden. Damit wird das rechtliche Gehör, wie Prozessrechtskommentatoren betonen, „Eckpfeiler" oder „Fundament jedes geordneten Verfahrens": es erlaubt dem Angeklagten, aktiv in das Prozessgeschehen einzugreifen und auch durch Rechtsausführungen eine andere Beurteilung von Rechtsfragen herbeizuführen.

Für das Bundesverfassungsgericht folgt dieses Recht sogar aus der Garantie der Menschenwürde (Art. 1 Abs. 1 GG), die verlange, dass über das Recht „nicht kurzerhand von Obrigkeiten wegen verfügt wird; der Einzelne soll nicht nur Objekt der richterlichen Entscheidung sein, sondern er soll vor einer Entscheidung, die seine Rechte betrifft, zu Wort kommen, um Einfluss auf das Verfahren und sein Ergebnis zu nehmen". Dies ist in der Regel nur dann möglich, wenn der Angeklagte sich eines Verteidigers bedient. Konsequenterweise garantiert die StPO in § 137 das Recht, sich in jeder Lage des Verfahrens eines Verteidigers zu bedienen.

3.5   Gang der Hauptverhandlung

3.5.1   Stellung der Hauptverhandlung im Strafverfahren

Die Hauptverhandlung – der Bereich des Strafverfahrens, in dem die Schöffen mitwirken – ist nur eine Station des staatlichen Vorgehens gegen Straftatverdächtige. Vorher hat stets ein Ermittlungsverfahren stattgefunden, das unter Leitung der Staatsanwaltschaft von der Polizei geführt wird. Rund 80 % aller eingeleiteten Verfahren stellt die Staatsanwaltschaft ein, sei es, weil sich der Verdacht nicht bestätigt (§ 170 Abs.2 StPO), sei es, weil die Staatsanwaltschaft die Schuld gering bewertet (§ 153 StPO) oder – wenn es keine schwerwiegende Tat ist – dass der Beschuldigte sich zur Wiedergutmachung des Schadens, zur Zahlung einer Buße oder zu gemeinnütziger Arbeit bereit erklärt (§ 153a StPO). Hält die Staatsanwaltschaft dagegen den Tatvorwurf für schwerwiegend, beantragt sie eine Hauptverhandlung. Diese setzt einen besonderen Beschluss des Gerichts voraus (Eröffnungsbeschluss): „Das Gericht beschließt die Eröffnung des Hauptverfahrens, wenn nach den Ergebnissen des vorbereitenden Verfahrens der Angeschuldigte einer Straftat hinreichend verdächtig erscheint" (§ 203 StPO) – oder anders ausgedrückt, es muss nach der Aktenlage wahrscheinlich sein, dass der Angeschuldigte in einer Hauptverhandlung der ihm zur Last gelegten Tat überführt wird.

Beschließt das Gericht, das Hauptverfahren nicht zu eröffnen, so muss aus dem Beschluss hervorgehen, ob er auf tatsächlichen oder auf Rechtsgründen beruht.Der Beschluss ist dem Angeschuldigten bekanntzumachen (§ 204 StPO).

3.5.2 Vorbereitung auf die Hauptverhandlung

Vor Beginn der Hauptverhandlung trifft der Schöffe die anderen Mitglieder des Gerichts im Beratungszimmer, eventuell ist auch ein Referendar oder ein Rechtspraktikant anwesend, der zur weiteren juristischen Ausbildung dem Gericht zugewiesen ist. Im Beratungszimmer sollte ein Schöffe, der zum ersten Mal an einer Hauptverhandlung teilnimmt, den Vorsitzenden darauf aufmerksam machen, dass er den Amtseid noch ablegen müsse, denn:

> Der ehrenamtliche Richter ist vor seiner ersten Dienstleistung in öffentlicher Sitzung des Gerichts durch den Vorsitzenden zu vereidigen. Die Vereidigung gilt für die Dauer des Amtes. Der Schwörende soll bei der Eidesleistung die rechte Hand erheben.
>
> Der ehrenamtliche Richter leistet den Eid, indem er die Worte spricht:, Ich schwöre, die Pflichten eines ehrenamtlichen Richters getreu nach dem Grundgesetz für die Bundesrepublik Deutschland und getreu dem Gesetz zu erfüllen, nach bestem Wissen und Gewissen ohne Ansehen der Person zu urteilen und nur der Wahrheit und Gerechtigkeit zu dienen, so wahr mir Gott helfe4 (§ 45 Abs. 2 und 3 Satz 1 und 2 DRiG).

Der Eid kann auch ohne religiösen Bezug geleistet werden. Statt des Eides ist auch ein einfaches Gelöbnis zulässig, wenn der Schöffe aus religiösen Gründen keinen Eid leisten mag.

Über die Sachverhalte, um die es in der folgenden Verhandlung geht, soll im Beratungszimmer jedenfalls nicht ausführlich gesprochen werden; zwar sind sie den Berufsrichtern aus den Prozessakten bereits bekannt, die Schöffen sollen aber gerade unbeeinflusst von den bisherigen Ermittlungsergebnissen der Polizei und der Staatsanwaltschaft in der Hauptverhandlung zum ersten Mal vom Tatgeschehen hören. Auf diese Art und Weise hofft man Unvoreingenommenheit der Laien im Strafprozess zu garantieren – sie sollen nur nach Kenntnis dessen urteilen, was in der Hauptverhandlung geschieht.

3.5.3 Verhandlungsleitung und Richterkollegium

Zur Verhandlungsleitung heißt es in der Strafprozessordnung:

> Die Leitung der Verhandlung, die Vernehmung des Angeklagten und die Aufnahme des Beweises erfolgt durch den Vorsitzenden. Wird eine auf die Sachleitung bezügliche Anordnung des Vorsitzenden von einer bei der Verhandlung beteiligten Person als unzulässig beanstandet, so entscheidet das Gericht (§ 238 StPO).

Der Vorsitzende kann also den Ablauf der Hauptverhandlung im Rahmen der Gesetze nach seinen Vorstellungen gestalten. Bei Meinungsverschiedenheiten allerdings entscheiden alle Richter gemeinsam. Ist ein Schöffe etwa mit der Verhandlungsführung nicht einverstanden und hält er sie für unzulässig, so hat er die Möglichkeit, auf diese Weise seine Ansicht in einer Abstimmung durchzusetzen. Ähnlich steht es mit dem richterlichen Fragerecht. Allen Richtern gestattet das Gesetz, Fragen an den Angeklagten, die Zeugen und Sachverständigen zu richten; hier der Wortlaut:

> Der Vorsitzende hat den beisitzenden Richtern auf Verlangen zu gestatten, Fragen an den Angeklagten, die Zeugen und die Sachverständigen zu stellen.
>
> Dasselbe hat der Vorsitzende der Staatsanwaltschaft, dem Angeklagten und dem Verteidiger sowie den Schöffen zu gestatten. Die unmittelbare Befragung eines Angeklagten durch einen Mitangeklagten ist unzulässig (§ 240 StPO).

Der Vorsitzende ist nun zwar befugt, ungeeignete und nicht zur Sache gehörende Fragen nach eigenem Ermessen zurückzuweisen, jedoch kann auch diese Entscheidung von der Mehrheit der Richter korrigiert werden:

> Zweifel über die Zulässigkeit einer Frage entscheidet in allen Fällen das Gericht (§ 242 StPO).

Eingeschränkt ist das richterliche Fragerecht nur gegenüber jugendlichen Zeugen unter 16 Jahren. Sie werden allein vom Vorsitzenden vernommen, wenn dieser nicht – wie es das Gesetz zulässt, aber eben nicht vorschreibt – die unmittelbare Befragung durch die anderen Richter gestatten will. Aber auch in diesem Fall können die Beisitzer in die Verhandlung eingreifen, wenn auch nur mittelbar: Sie können nämlich vom Vorsitzenden verlangen, dass er ihre Fragen an den jugendlichen Zeugen stellt.

Richtig urteilen kann nur der Richter, der aus eigener Wahrnehmung entscheidet; der also weiß, worüber er befindet, weil er in der Hauptverhandlung alles Vorgebrachte selbst gehört oder gesehen hat. Das ganze Gericht hat folglich vom Aufruf der Sache bis zum Ende der Urteilsverkündung anwesend zu sein. Während dieser Zeit darf niemand die Richterbank von sich aus verlassen. Falls notwendig, unterbricht der Vorsitzende die Verhandlung für einige Minuten. Das Strafverfahren hängt also maßgeblich davon ab, dass die Richter sich einen eigenen, vollständigen, gegenwärtigen Eindruck vom Tatgeschehen machen können. Daher erlaubt die Strafprozessordnung auch nicht, eine einmal begonnene Hauptverhandlung an einem beliebig späteren Termin wieder aufzunehmen:

Eine Hauptverhandlung darf bis zu drei Wochen unterbrochen werden. Hat die Hauptverhandlung bereits an mindestens zehn Tagen stattgefunden, so darf sie unbeschadet der Vorschrift des Absatzes 1 einmal auch bis zu einem Monat unterbrochen werden. Mehrere Unterbrechungen sind zulässig.

Wird die Hauptverhandlung nicht spätestens am Tage nach Ablauf der in Absatz 1 oder 2 bezeichneten Frist fortgesetzt, so ist mit ihr von neuem zu beginnen ... (§ 229 Abs. 4 StPO).

Hat ein Richter einen Tathergang nicht verstanden, bleibt der Bericht eines Zeugen unklar, sind die Ausführungen eines Sachverständigen nicht zu verstehen, so muss er von sich aus nachfragen, um später aus möglichst vollständiger Kenntnis des Geschehens urteilen zu können. Dass das Fragerecht des einzelnen Richters dabei der Leitungsbefugnis des Vorsitzenden vorgehen kann, wird weiter unten ausführlich dargestellt, sei hier jedoch schon angemerkt.

3.5.4 Stationen der Hauptverhandlung

3.5.4.1 Eröffnung, Vernehmung des Angeklagten zur Person und zur Sache

Die Eröffnung der Hauptverhandlung ist in der Strafprozessordnung genau vorgeschrieben:

> Die Hauptverhandlung beginnt mit dem Aufruf der Sache. Der Vorsitzende stellt fest, ob der Angeklagte und der Verteidiger anwesend und die Beweismittel herbeigeschafft, insbesondere die geladenen Zeugen und Sachverständigen erschienen sind (§ 243 Abs. 1 StPO).

Nachdem dies geschehen ist, werden die Zeugen über ihre Rechte und Pflichten unterrichtet und gebeten, außerhalb des Sitzungssaals zu warten, damit sie nicht ihre späteren Aussagen auf das Vorbringen anderer Prozessbeteiligter abstimmen können.

Zum Fortgang des Verfahrens sagt die Strafprozessordnung:

> Der Vorsitzende vernimmt den Angeklagten über seine persönlichen Verhältnisse (§ 243 Abs. 2 Satz 2 StPO).

Nach dem rechtsstaatlichen Grundsatz, dass niemand verpflichtet ist, aktiv an seiner Strafverfolgung mitzuwirken, kann der Angeklagte alle Angaben über sich verweigern. Hiernach muss ihm also auch gestattet sein, über seine Personalien (Name, Beruf, Familienstand, Wohnort) vor Gericht keine Auskünfte zu erteilen;

gleichwohl wird in juristischen Kommentaren zu § 243 StPO auch die Auffassung
vertreten, der Angeklagte sei verpflichtet, sich wenigstens insoweit zu äußern.
Einigkeit besteht jedenfalls darüber, dass er von Rechts wegen nicht gehalten ist,
nur die Wahrheit über seine Lebensumstände zu sagen. Wie also die Vernehmung
zur Person abläuft, hängt wesentlich vom Angeklagten ab. Will er sich äußern,
leitet der Vorsitzende das Gespräch mit den formellen Fragen nach Namen, Alter,
Anschrift usw. ein. Dann wendet er sich den persönlichen Lebensverhältnissen
des Angeklagten zu. Aufklärung hierüber wird das Gericht eher erhalten, wenn
die Unterhaltung nicht schroff und von oben herab geführt wird; und umgekehrt
kann so auch der Angeklagte eher das Gericht akzeptieren. Familienverhältnisse,
beruflicher Werdegang, Stellung im Arbeitsprozess, Einkommen und anderes werden
hier angesprochen – soweit sie für die Sache von Bedeutung sein können; und das
sind sie angesichts der gesellschaftlichen Ursachen der Kriminalität fast immer.

Im nun folgenden Abschnitt der Hauptverhandlung liest der Vertreter der
Staatsanwaltschaft den Anklagesatz vor; darin wird – häufig in unverständlichem
Juristendeutsch – die Straftat näher bezeichnet, die die Staatsanwaltschaft dem
Angeklagten vorwirft. Ort und Zeitpunkt des Geschehens werden ebenso genannt
wie die Strafvorschrift, die der Angeklagte verletzt haben soll.

Wieder von seiner Person hängt es ab, welchen weiteren Verlauf die Hauptverhandlung nimmt:

> Sodann wird der Angeklagte darauf hingewiesen, dass es ihm freistehe, sich zur
> Anklage zu äußern oder nicht zur Sache auszusagen. Ist der Angeklagte zur Äuße-
> rung bereit, so wird er nach Maßgabe des § 136 Abs. 2 StPO zur Sache vernommen"
> (§ 243 Abs. 5 Satz 1 und 2 StPO). Falls vorher zwischen den Verfahrensbeteiligten
> (Angeklagter, Verteidiger, Staatsanwaltschaft und Gericht) eine Verständigung über
> das Strafmaß (sog. Deal) stattgefunden haben sollte, teilt der Vorsitzende dieses gem.
> § 243 Abs. 4 StPO mit.

Der vorher genannte § 136 Abs.2 StPO lautet:

> Die Vernehmung soll dem Beschuldigten Gelegenheit geben, die gegen ihn vor-
> liegenden Verdachtsgründe zu beseitigen und die zu seinen Gunsten sprechenden
> Tatsachen geltend zu machen.

Die Wahl zwischen Aussage und Schweigen steht dem Angeklagten also auch hier
frei. Will er nicht zu den Vorwürfen der Staatsanwaltschaft Stellung beziehen, so
liegt es vielleicht besonders nahe, den negativen Rückschluss zu ziehen, „… der wird
schon seine Gründe haben…". Gerade diese Überlegung ist jedoch unzulässig; die
Aussageverweigerung darf dem Angeklagten nicht zum Nachteil gereichen. Mag
der Angeklagte, der nicht redet, für die Verhandlungsführung noch so hinderlich

sein, für ihn gilt die Unschuldsvermutung der Menschenrechtskonvention ebenso wie für denjenigen, der zur Aussage bereit ist: „Bis zum gesetzlichen Nachweis seiner Schuld wird vermutet, dass der wegen einer strafbaren Handlung Angeklagte unschuldig ist" (Art. 6 Abs. 2 MRK).

Nicht mehr Teil der Vernehmung zur Person, sondern zur Sache ist die Frage nach den Vorstrafen des Angeklagten. Ob dieser bisher schon mit dem Strafrecht in Konflikt geraten ist, soll nämlich nur erörtert werden, soweit es der Zusammenhang mit den gerade zur Verhandlung anstehenden Vorwürfen erfordert; anderenfalls würde der Angeklagte nur unnötig bloßgestellt. Häufig spielen aber die Vorstrafen eines Angeklagten bei der allgemeinen Beurteilung durch das Gericht eine große Rolle, nicht selten scheint dies die einzige Tatsache zu sein, die aus seinem Leben aufmerksam registriert wird. Im Zuge der Strafrechtsreform haben Bundestag und Bundesregierung solch ungerechtfertigter Voreingenommenheit Grenzen gesetzt: Liegen die Vorstrafen nämlich längere Zeit zurück – gestaffelt zwischen fünf und fünfzehn Jahren, je nach Umfang der Strafe – und hat der Betroffene in der Zwischenzeit nicht wieder vor Gericht gestanden, so kann er sich zu Recht als unbestraft bezeichnen; seine alte Straftat wird aus dem Bundeszentralregister, in das sie aufgenommen war, gestrichen:

> Ist die Eintragung über eine Verurteilung im Register getilgt worden oder ist sie zu tilgen, so dürfen die Tat und die Verurteilung dem Betroffenen im Rechtsverkehr nicht mehr vorgehalten und nicht zu seinem Nachteil verwertet werden" (§ 49 Abs. 1 BZRG).

Eine Vorstrafe wegen Diebstahls gehört nicht in ein Verfahren um einen Verkehrsunfall. Auch bei Kenntnis der Vorstrafen darf ein Richter niemals außer Acht lassen, dass der Ausgang des Verfahrens nach dem Gesetz noch völlig offen ist, der Angeklagte die Unschuldsvermutung noch durchaus für sich hat, wie lang auch sein Vorstrafenregister sein mag. Eine derartige richterliche Zurückhaltung ist sicherlich schwierig, und deshalb ist es immer mehr üblich, dass die Vernehmung zur Person und die Erwähnung der Vorstrafen besser erst am Ende des Verfahrens stattfinden. Denn erst wenn die Schuldfrage geklärt ist, wenn also der Angeklagte nach Ansicht der Richter die ihm vorgeworfene Tat begangen hat, müssen sie einiges über seine Person wissen, um eine möglichst sinnvolle Strafe aussprechen zu können. Freilich sind die Reformbestrebungen, die die Vernehmung des Angeklagten zur Person samt Erörterung der Vorstrafen ans Ende der Hauptverhandlung legen wollen, noch nicht Gesetz geworden. Umso zurückhaltender ist deshalb der erste Eindruck zu bewerten, den der Angeklagte beim Richter hinterlässt.

3.5.4.2 Beweisaufnahme

Hat der Angeklagte sich zu den Vorwürfen der Staatsanwaltschaft geäußert (oder aber klargestellt, dass er nicht aussagen will), so ist, selbst bei einem Geständnis, es erforderlich, dass das Tatgeschehen anhand von Beweisen möglichst objektiv rekonstruiert wird.

Die nächste Station der Hauptverhandlung ist also die Beweisaufnahme; sie muss umfassend und sorgfältig vorgenommen werden:

> Das Gericht hat zur Erforschung der Wahrheit die Beweisaufnahme von Amts wegen auf alle Tatsachen und Beweismittel zu erstrecken, die für die Entscheidung von Bedeutung sind" (§ 244 Abs. 2 StPO).

Auch bei der Beweisaufnahme ist die rechtsstaatliche Stellung des Angeklagten zu beachten. Sobald ein Zeuge oder Sachverständiger gehört, ein Schriftstück verlesen oder sonst ein Beweis erhoben worden ist, gibt die Strafprozessordnung dem Angeklagten die Möglichkeit, sich aus seiner Sicht und zu seiner Verteidigung dazu zu äußern oder Fragen zu stellen. Der Richter soll ihn auf dieses Recht in jedem Falle hinweisen.

Die Beweisaufnahme dient „der Wahrheitsfindung". Das tatsächliche Geschehen soll also unter Mitwirkung aller Beteiligter im Gerichtssaal herausgefunden werden. Dabei muss man sich darüber klar sein, dass es eine scharfe Grenze zwischen Annahme, Möglichkeit, Voraussetzung, Wahrscheinlichkeit, hoher Wahrscheinlichkeit, halber Gewissheit und absoluter Gewissheit nicht gibt. Die zur Verurteilung nötige „Gewissheit" unterscheidet sich also qualitativ nicht von „hoher Wahrscheinlichkeit". Wenn gefordert wird, dass mit der Entscheidung über Leben und Freiheit eines Menschen die Forderung nach der Strenge des Beweises aufs Höchste gesteigert werden müsse, so liegt auch darin lediglich ein Appell an die Richter, kritisch zu sein, zu zweifeln und dem Grundsatz „in dubio pro reo" Geltung zu verschaffen. Einen regelrechten Strafbeweis gibt es nicht. Zwar gilt im Inquisitionsprozess der Grundsatz: „Durch zweier Zeugen Mund wird allerwegs die Wahrheit kund" (vgl. 5. Buch Moses 17 Vers 6); wer wollte heute aber bestreiten, dass zwei Zeugen genauso irren (oder lügen) können wie einer.

Obwohl es also keine strengen Beweisregeln mehr gibt und die StPO vom Grundsatz der freien richterlichen Beweiswürdigung ausgeht, bietet unser Strafprozess durch den in der StPO niedergelegten Katalog der Beweismittel eine größere Wahrscheinlichkeit, sich der Wahrheit zu nähern, als mittelalterliche Beweisformen, wie z. B. Zweikampf, Feuerprobe oder Ähnliches mehr.

Die Beweismittel unserer Strafprozessordnung sind:

- Zeugen (§§ 48 ff)
- Sachverständige (§§ 72 ff)
- Augenschein (§§ 86 ff)
- Urkunden und andere Schriftstücke (§§ 249 ff)
- die Aussagen des Beschuldigten (§§ 136, 163a Abs. 1, 243 Abs. 4) und der Mitbeschuldigten (§ 251 Abs. 1).

So sicher einige dieser Beweismittel zu sein scheinen, so bergen sie doch ihre spezifischen Gefahren in sich. Um mit dem scheinbar Sichersten zu beginnen:

3.5.4.2.1 Das Geständnis

Das Geständnis gilt den meisten Menschen als Krone des Beweises. Hat der Angeklagte erst gestanden, so wird die weitere Beweisaufnahme oft für überflüssig gehalten. Da aber im deutschen Strafverfahren
der Amtsermittlungsgrundsatz gilt, kann mit einem Geständnis die Angelegenheit nicht als erledigt angesehen werden. Anders als im Angelsächsischen Recht, wo nach einem Geständnis überhaupt keine Beweise mehr erhoben werden, geht unser Recht nicht von vornherein von der Richtigkeit des Geständnisses aus, es muss vielmehr glaubhaft erscheinen. Die Geschichte der Strafgerichtsbarkeit hat nämlich gezeigt, dass es viele Ursachen für falsche Geständnisse gibt. Nicht hoch genug kann dabei die psychische Ausnahmesituation veranschlagt werden, in der sich ein Angeklagter befindet. Er steht, ob zu Recht oder zu Unrecht beschuldigt, in einer dauernden Stress-Situation, und solange die Verhöre andauern, ist seine Anspannung besonders groß. Oft ist die Last der Indizien so erdrückend, dass der Angeklagte sich in die Hoffnung flieht, durch ein Geständnis die Richter milde stimmen zu können.

Zwar dürfen unter Druck bei der polizeilichen Vernehmung abgepresste Geständnisse im Prozess nicht verwendet werden; auch wenn die in § 136a StPO verbotenen Vernehmungsmittel „Misshandlung, Ermüdung, körperlicher Eingriff, Verabreichung von Mitteln, Quälerei, Täuschung, Hypnose oder anderer Zwang" nicht direkt angewandt wurden, so ist der psychische Druck, der von einer polizeilichen Vernehmung unter Beschuldigung ausgeht, nicht zu unterschätzen. Denkbar sind auch Selbstbezichtigungen, um eine andere Person (Familienangehörige, Freunde etc.) zu decken. Schließlich gibt es auch die Kategorie der psychopathischen Selbstbezichtiger. Vor einer Verurteilung muss ausgeschlossen sein – notfalls durch Prüfung eines Sachverständigen –, dass es sich bei dem Geständigen um einen Selbstbezichtiger handelt.

3.5.4.2.2 Zeugen

Häufigstes Beweismittel im Prozess sind Zeugen. Die Mehrzahl der Verurteilungen stützt sich auf ihre Aussagen. Im Gegensatz zu früheren Zeiten gibt es keine Einschränkungen mehr dahingehend, dass erst durch zwei Zeugen eine Tatsache als belegt gilt, dann aber unerschütterlich. Aber auch heute spielen bei der freien richterlichen Beweiswürdigung eine Reihe überkommener „Erfahrungssätze" und Vorurteile noch eine bedeutende Rolle. So gelten zum Beispiel dem Angeklagten nahestehende Personen als weniger glaubwürdig, Polizisten hingegen schon von Berufs wegen als glaubwürdig, weil sie im Gegensatz zu den Erstgenannten kein „Interesse" an einer bestimmten Wendung des Verfahrens hätten. Davor, dass es so etwas wie berufsmäßige Befangenheit gibt, werden die Augen verschlossen. Ein weiterer Irrglaube ist, dass beeidigte Aussagen wahrer seien als unvereidigte.

Unabhängig davon, dass der psychologische Zwang des Eides nur auf Menschen wirken kann, die noch an eine jenseitige Instanz glauben, könnte man mit einer Beeidigung nur bewussten Lügnern beikommen. Fachleute sind sich darüber einig, dass die Verurteilungen wegen Meineides nur einen Bruchteil der Meineide erfassen, wird doch ein Meineid desto eher geschworen, je schwieriger sich das Gegenteil beweisen ließe.

Die eigentliche Unsicherheit des Zeugenbeweises liegt jedoch nicht einmal in der Möglichkeit der wissentlich falschen Aussage, sondern der im besten Glauben abgegebenen. Zeugen können irren und tun das erstaunlich oft; ihre Erinnerungsbilder haben sich in der langen Zeit zwischen Tat und Verhandlung verwischt und verschoben. Sie unterliegen verschiedensten Beeinflussungen und Suggestionen und können am Ende unmöglich eigene Wahrnehmungen von dem unterscheiden, was ihnen der vernehmende Polizeibeamte oder der Vorsitzende so oft vorgehalten hat. Schließlich ist es sehr schwer, von einer einmal gemachten Aussage, selbst wenn sie einem hinterher falsch erscheint, herunterzukommen, dies zumal, wenn die Öffentlichkeit Anteil an dem Verfahren nimmt.

Einem in Richterkreisen verbreiteten Bonmot zufolge ist ein Drittel aller Zeugenaussagen unbewusst sowie ein weiteres bewusst erlogen, und nur ein Drittel entspricht den Tatsachen; die Schwierigkeit des Zeugenbeweises bestehe darin, zu erkennen, mit welchem Drittel man es gerade zu tun hat.

3.5.4.2.3 Sachverständige

Ebenso schwierig wie der Zeugenbeweis ist der durch Sachverständigengutachten. Auch der Sachverständige enthebt das Gericht nicht von seiner Aufgabe, die Beweise zu würdigen. Nur allzu oft haben auch schon Sachverständige geirrt und dieser Irrtum hat sich, da Sachverständige eine andere Autorität für das Gericht darstellen als ein Zeuge, unmittelbar im Urteil niedergeschlagen. Daher sollte jeder Richter, auch der Laienrichter, die Bewertung des Sachverständigen nur übernehmen, wenn sie ihm restlos klar ist. Mitunter ist es nicht einfach, den Fachjargon der Experten zu verstehen. Kein Richter sollte sich jedoch davon abhalten lassen, beharrlich nachzufragen, bis er den Inhalt der Aussage verstanden hat und ihn dann noch mit aller Skepsis würdigen. Weniges ist in der Wissenschaft so unumstritten, als dass sich nicht ein anderer Sachverständiger fände, der das Gegenteil behauptet.

3.5.4.2.4 Indizien

Der sogenannte Indizienbeweis genießt in der öffentlichen Meinung wenig Ansehen. Erklären lässt sich das allgemeine Misstrauen gegen diesen Beweis nur damit, dass Gerichte in der Vergangenheit allzu oft Indizien so gewertet haben, dass sie für ihre jeweils vorgedachte Version verwendbar waren. In einem berühmten Mordfall wurde z. B. einem Angeklagten angelastet, dass er den Tatort besichtigte; dem anderen, dass er ihn mied. In Beidem hat man ein Indiz für die Täterschaft gesehen. Tollkühne Theoriebildungen haben ihren Platz im Kriminalroman, nicht jedoch dort, wo es gilt, über die Existenz eines Menschen zu entscheiden. Als Indizien können nur Tatsachen herangezogen werden, die vernünftigerweise die Täterschaft des Angeklagten belegen können. Psychologische Spekulationen scheiden als Indizien aus. Ihre Unsinnigkeit soll durch eine Beweisführung kurz dargestellt werden, die der bereits erwähnte Max Hirschberg mitteilt: „In der Dreyfus-Affäre, an der man fast alle Ursachen der Fehlurteile, wie meineidige Zeugenaussagen, falsche Gutachten, Belastung durch den wirklich Schuldigen studieren kann, hat der Untersuchungsrichter Major Paty de Clam als Zeuge bekundet: Er habe vor der Verhaftung dem ahnungslosen Dreyfus Stellen aus dem Bordercau diktiert unter dem Vorwand, er brauche ihn als Sekretär. In seiner ersten Aussage hat Paty de Clam angegeben, Dreyfus habe beim Diktat dieser Stellen gezittert, und das habe er als Beweis seiner Schuld angesehen; bei seiner zweiten Vernehmung hat er bekundet, Dreyfus habe nicht gezittert, und das habe er als Beweis frecher Verstocktheit betrachtet".

3.5.4.2.5 Die Lüge als Schuldbeweis

Besonders häufig wird die Lüge des Angeklagten als Indiz für seine Schuld betrachtet. Es gibt eine Menge Gründe für einen Angeklagten, vor Gericht zu lügen, darunter sogar einige ehrenwerte. So kann ein Angeklagter zur Lüge greifen, um Dinge, die ihm peinlich sind, zu verdecken; um Personen, die ihm nahestehen, nicht mit hineinzuziehen; oder aus Angst, sich zu belasten. Die Angst, von einer Last von Tatsachen, die gegen ihn sprechen, erdrückt zu werden, lässt auch einen unschuldigen Angeklagten manchmal zur Lüge greifen. Vielfach werden dann auch Tatsachen, die ihn gar nicht belasten würden, geleugnet. Der pharisäerhafte Grundsatz „Wer einmal lügt…" kann, nachdem der Angeklagte in einem unwesentlichen Punkt der Lüge überführt ist, nicht zum Beweis seiner Schuld im Sinne der Anklage dienen. Auf keinen Fall darf er für eine Lüge mit Verurteilung bestraft oder mit einer höheren Strafe belegt werden.

3.5.4.3 Schlussvorträge

Nach der Beweisaufnahme ist die Frage zu beantworten, ob die Anklage der Staatsanwaltschaft aufrechterhalten werden kann oder ob dem Angeklagten die Vorwürfe zu Unrecht gemacht wurden. Zunächst äußert sich hierzu der Vertreter der Staatsanwaltschaft in seinem Schlussvortrag (Plädoyer); dann nehmen der Verteidiger und gegebenenfalls auch der Angeklagte aus ihrer Sicht Stellung. Beide Seiten wollen die Richter überzeugen, entsprechend vorsichtig sind also die jeweiligen Ausführungen zu beurteilen.

Bevor sich dann das Gericht zur Beratung zurückzieht, erhält der Angeklagte noch einmal „das letzte Wort".

3.5.5 Beratung

Nach den Schlussvorträgen zieht sich das Gericht zur Beratung zurück. Maßgeblich für die nun folgende Urteilsfindung ist die Beweislage:

> Über das Ergebnis der Beweisaufnahme entscheidet das Gericht nach seiner freien, aus dem Inbegriff der Verhandlung geschöpften Überzeugung (§ 261 StPO).

Jeder Richter bildet sich schon während des Verlaufs der Hauptverhandlung seinen eigenen Eindruck vom möglichen Tathergang, von der Glaubwürdigkeit der Zeugen, der Person des Angeklagten usw. Hierbei hat er, wie es ein vielgebrauchter Strafprozesskommentar ausdrückt, streng auf den Grundsatz zu achten, „… dass von mehreren Möglichkeiten allemal die dem Angeklagten günstigste anzunehmen ist…". Nun, in der Beratung sollte jeder Richter diese seine Auffassung mit den Richterkollegen diskutieren. Dabei dürfen die Berufsrichter nur möglichst wenige juristische Fachbegriffe verwenden, wollen sie nicht den Schöffen den Zugang zum Gespräch versperren. Und die Schöffen wiederum müssen sich selbstverständlich in die Diskussion einschalten und sich, falls erforderlich, nach den fallentscheidenden juristischen Fragen erkundigen bzw. sich diese erklären lassen. Nur durch eine derartige Beteiligung an der Beratung werden die Schöffen ihrer Rolle als Laienrichter gerecht.

Tauchen in der Beratung neue Zweifel auf, hat das für den Schuldspruch entscheidende Bedeutung; denn Zweifel sind bekanntlich zu Gunsten des Angeklagten zu werten – in dubio pro reo. Ergibt die Beratung, dass keine Einigkeit über den Schuldspruch besteht, muss abgestimmt werden.

Über den Hergang der Beratung sagt das Gesetz, ähnlich wie über die Verhandlungsleitung, dass der Vorsitzende zwar leitet, aber von der Mehrheit der Richter korrigiert werden kann:

> Der Vorsitzende leitet die Beratung, stellt die Fragen und sammelt die Stimmen.
>
> Meinungsverschiedenheiten über den Gegenstand, die Fassung und die Reihenfolge der Fragen oder über das Ergebnis der Abstimmung entscheidet das Gericht (§ 194 GVG).

Noch genauer ist der Ablauf der Abstimmung geregelt. Zunächst zur Schuldfrage (hat der Angeklagte die ihm zur Last gelegte Tat schuldhaft begangen?); da heißt es in der Strafprozessordnung in § 263:

> Zu jeder dem Angeklagten nachteiligen Entscheidung über die Schuldfrage und die Rechtsfolgen der Tat ist eine Mehrheit von zwei Dritteln der Stimmen erforderlich.
> Die Schuldfrage umfasst auch solche vom Strafgesetz besonders vorgesehenen Umstände, welche die Strafbarkeit ausschließen, vermindern oder erhöhen.
> Die Schuldfrage umfasst nicht die Voraussetzungen der Verjährung.

Die vorgeschriebene Zwei-Drittel-Mehrheit ist im Schöffengericht erreicht, wenn zwei von drei Richtern einer Meinung sind. In der Großen Strafkammer in voller Besetzung und im Schwurgericht muss die Entscheidung von vieren der fünf Richter getragen werden. Die Mehrheiten gelten „für eine dem Angeklagten nachteilige Entscheidung" – kommen sie nicht zustande, wird der Angeklagte freigesprochen. Der einzelne Schöffe kann also beträchtlichen Einfluss auf den Ausgang des Verfahrens nehmen; beim Schöffengericht z. B. muss er sich mit nur noch einem Mitrichter verständigen, um die für richtig erachtete Entscheidung durchzusetzen; in der Großen Strafkammer und im Schwurgericht reicht ein „Verbündeter" jedenfalls bereits dazu, eine unerwünschte Zwei-Drittel-Mehrheit zu verhindern.

Für die eigentliche Abstimmung über die Schuldfrage sowie das Strafmaß bestimmt das Gerichtsverfassungsgesetz:

> Als Erste äußern sich die Schöffen: Sie stimmen nach der Reihenfolge ihres Lebensalters ab, der Jüngere vor dem Älteren. Nach den Schöffen urteilen die Berufsrichter: zuerst der Berichterstatter, zuletzt der Vorsitzende; bei den übrigen Berufsrichtern ist das Dienstalter, bei gleichem Dienstalter das Lebensalter maßgeblich: Der Jüngere vor dem Älteren. Falls das Gericht den Angeklagten mit der erforderlichen Mehrheit für schuldig befunden hat, muss es sich mit Art und Höhe der Strafe befassen. An diesem zweiten Meinungsbildungsprozess haben sich auch diejenigen Richter zu beteiligen, die der Meinung waren, der Angeklagte sei unschuldig gewesen, aber überstimmt wurden.

Die Zwei-Drittel-Mehrheit ist auch für die Straffrage vorgeschrieben. Für den Fall, dass die Richter ein unterschiedliches Strafmaß für angemessen halten, regelt das Gerichtsverfassungsgesetz in § 196 Abs. 2–4:

> Bilden sich in Beziehung auf Summen, über die zu entscheiden ist, mehr als zwei Meinungen, deren keine die Mehrheit für sich hat, so werden die für die größte Summe abgegebenen Stimmen den für die zunächst geringere abgegebenen solange hinzugerechnet, bis sich eine Mehrheit ergibt. Bilden sich in einer Strafsache, von der Schuldfrage abgesehen, mehr als zwei Meinungen, deren keine die erforderliche Mehrheit für sich hat, so werden die dem Beschuldigten nachteiligsten Stimmen den zunächst minder nachteiligen solange hinzugerechnet, bis sich die erforderliche Mehrheit ergibt. Bilden sich in der Straffrage zwei Meinungen, ohne dass eine die erforderliche Mehrheit für sich hat, so gilt die mildere Meinung. Ergibt sich in dem mit zwei Richtern und zwei Schöffen besetzten Gericht in einer Frage, über die mit einfacher Mehrheit zu entscheiden ist, Stimmengleichheit, so gibt die Stimme des Vorsitzenden den Ausschlag.

3.5.6 Beschleunigtes Verfahren

Erhebliche Abweichungen von dem beschriebenen Verfahrensgang gibt es im Beschleunigten Verfahren (§§ 417 ff. StPO). Wenn der Sachverhalt einfach, die Beweislage klar und keine höhere Strafe zu erwarten ist als einjähriger Freiheitsentzug, beantragt die Staatsanwaltschaft beim Strafrichter oder bei dem Schöffengericht dieses Schnellverfahren. Die Hauptverhandlung wird dann „sofort oder in kurzer Frist" durchgeführt, ein Eröffnungsbeschluss entfällt. Die Ladungsfrist für den Beschuldigten beträgt 24 h. Eine Anklageschrift ist entbehrlich, die Staatsanwaltschaft kann die Anklage mündlich erheben. Zeugen und Sachverständige braucht das Gericht nicht mehr persönlich zu hören, die Verlesung ihrer früher gemachten Aussagen ist zulässig, und der Strafrichter bestimmt den Umfang der Beweisaufnahme. Formelle Beweisanträge der Verteidigung kennt das Verfahren nicht. Zur Sicherung des Beschleunigten Verfahrens wurde eine neuartige „Hauptverhandlungshaft" beschlossen, die keinen der klassischen Haftgründe voraussetzt, deren Dauer allerdings auf eine Woche beschränkt ist (§ 127b StPO). Im Beschleunigten Verfahren kann höchstens Freiheitsstrafe von einem Jahr verhängt werden.

3.5.7 Der Handel um Gerechtigkeit

In den letzten Jahren wurden zahlreiche strafprozessändernde Gesetze beschlossen, von denen viele die Antragsrechte und Erklärungsrechte der Verteidigung beschnitten und die Kommunikationsmöglichkeiten zwischen Verteidigung und Gericht erheblich eingeschränkt haben. Gleichzeitig perfektionierte eine neue Generation selbstbewusster Rechtsanwälte die Strafverteidigung; neugegründete Vereinigungen, Zeitschriften und Institute trugen zur Professionalisierung bei. Diese Anwälte treffen inzwischen auf eine Richterschaft, die wesentlich kommunikations- und verständigungsbereiter ist als frühere Richtergenerationen. Man redet miteinander und verständigt sich, und da dies im Rahmen des förmlichen Verfahrens immer weniger möglich ist, außerhalb des Gerichtssaals. Im amerikanischen Strafverfahren, in dem der Prozessgegenstand allein von den Parteien – Anklage und Verteidigung – bestimmt wird, ist der „deal" durchaus systemkonform. Mit dem deutschen Verfahrenstyp mit seinen inquisitorischen Elementen ist er dagegen schwer vereinbar. Dennoch wird immer häufiger, vor allem in umfangreichen Wirtschafts- und Umweltverfahren, auch bei uns kräftig gedealt, nicht nur in der Verhandlung, sondern auch außerhalb unter Ausschluss der Öffentlichkeit und in der Regel auch der Schöffen. Nur ausnahmsweise wird der Handel um Schuld und Sühne, ohne den der Prozessstoff gar nicht mehr zu bewältigen ist, in der Öffentlichkeit bekannt. Dieses Treiben wird man allerdings nur kontrollieren können, wenn die Kommunikations- und Verständigungsmöglichkeiten innerhalb des Verfahrens wieder erweitert werden.

Seit dem Jahre 2009 ist die Verständigung („Deal") im Strafverfahren sogar gesetzlich geregelt.

§ 257c Abs. 2 StPO lautet: „Gegenstand dieser Verständigung dürfen nur die Rechtsfolgen sein, die Inhalt des Urteils und der dazugehörigen Beschlüsse sein können … Bestandteil jeder Verständigung soll ein Geständnis sein. Der Schuldspruch sowie Maßregeln der Besserung und Sicherung dürfen nicht Gegenstand einer Verständigung sein".

In Wirtschaftsstrafsachen und anderen sehr umfangreichen Verfahren wird diese Form der Beschleunigung der Prozesse häufig praktiziert. Es darf dabei allerdings nicht verkannt werden, dass die auf diese Weise ausgehandelten „Rabatte im Strafmaß" die Schwerkriminellen gegenüber den „normalen" Straftätern eigentlich ungerecht bevorteilt. Im Übrigen wird bei dieser Verfahrensweise die Mitwirkung der Schöffen auf ein Minimum reduziert. Anders wären jedoch manche Prozesse vom Umfang her kaum zu bewältigen.

Strafen und Maßnahmen bei erwachsenen Straftätern

4

Ist ein Angeklagter nach Ansicht des Gerichts schuldig, so ist damit noch nicht gesagt, wie die Richter dann das Verfahren zum Abschluss bringen. Fast alle Strafbestimmungen setzen nämlich nur einen Strafrahmen fest, nicht eine genau bestimmte Strafe. Und selbst dieser Strafrahmen lässt mehr richterlichen Entscheidungsspielraum zu, als auf den ersten Blick erkennbar ist. Das gesetzliche Verbot der Körperverletzung z. B. lautet:

> Wer vorsätzlich einen anderen körperlich misshandelt oder an der Gesundheit beschädigt, wird wegen Körperverletzung mit Freiheitsstrafe bis zu fünf Jahren oder mit Geldstrafe bestraft (§ 223 Abs. 1 StGB).

Hat ein Angeklagter sich nach dieser Vorschrift strafbar gemacht, könnte das Gericht – abgesehen vom Ausspruch einer Geld- oder Freiheitsstrafe bis zu fünf Jahren – auch folgende Entscheidungen treffen: Einstellung wegen geringer Schuld; vorläufige Einstellung; Absehen von Strafe; bei Geldstrafe: Verwarnung mit Strafvorbehalt, wobei gegebenenfalls zusätzliche Auflagen erteilt werden können; bei Freiheitsstrafe: Aussetzung der Strafe zur Bewährung, eventuell zu ergänzen durch Auflagen und Weisungen nebst Beiordnung eines Bewährungshelfers.

Das Beispiel zeigt also eine breite Skala richterlicher Reaktionsmöglichkeiten, die zum Teil erst auf jüngere Strafrechtsreformgesetze zurückgehen. Mit der schematischen Alternative von der Art „Freispruch oder Strafe" begnügt sich das geltende Strafrecht also keineswegs. Die jeweils vernünftigste und gerechteste Maßnahme auszuwählen, ist Sache der Richter. Das Gesetz lässt sie dabei weitgehend allein, indem es eben regelmäßig nur einen Strafrahmen („… mit Freiheitsstrafe bis zu fünf Jahren oder Geldstrafe…") bestimmt und im Übrigen lediglich sehr allgemein gehaltene Grundsätze der Strafzumessung festsetzt: Die Schuld des Täters ist Grundlage für die Zumessung der Strafe. Die Wirkungen, die von der Strafe für das zukünftige Leben des Täters in der Gesellschaft zu erwarten sind, sind zu

© Springer Fachmedien Wiesbaden GmbH, ein Teil von Springer Nature 2019
A. Lüthke und I. Müller, *Strafjustiz für Nicht-Juristen*,
https://doi.org/10.1007/978-3-658-24227-5_4

berücksichtigen. Bei der Zumessung wägt das Gericht die Umstände, die für und gegen den Täter sprechen, gegeneinander ab. Dabei kommen namentlich in Betracht:

- die Beweggründe und die Ziele des Täters,
- die Gesinnung, die aus der Tat spricht, und der bei der Tat aufgewendete Wille,
- das Maß der Pflichtwidrigkeit,
- die Art der Ausführung und die verschuldeten Auswirkungen der Tat,
- das Vorleben des Täters, seine persönlichen und wirtschaftlichen Verhältnisse sowie
- sein Verhalten nach der Tat, besonders sein Bemühen, den Schaden wiedergutzumachen,
- sowie das Bemühen des Täters, einen Ausgleich mit dem Verletzten zu erreichen (§ 46 Abs. 1 und 2 StGB).

Dass „Schuld" nicht in einem Euro-Betrag oder in Haftzeit umzurechnen ist, dass die „Gesinnung", die aus der Tat spricht, im Zweifel einem Außenstehenden unerkennbar bleibt, kurz, dass diese Grundsätze von verschiedenen Richtern angewandt, zu verschiedenen Ergebnissen führen können daran vermag der zitierte § 46 StGB natürlich nichts zu ändern.

4.1 Freiheitsstrafe (§ 38 StGB)

4.1.1 Allgemeines zur Freiheitsstrafe

Die härteste Sanktion gegenüber dem Verurteilten ist die Freiheitsstrafe. Ein solch schwerer Eingriff in das Leben eines Straftäters kann nur als letzte Möglichkeit gedacht sein; dies zeigen schon die nachfolgend dargestellten Regelungen des Strafgesetzbuches und der Strafprozessordnung, die dem Richter eine ganze Reihe anderer, weniger einschneidender Reaktionsmöglichkeiten an die Hand geben. Aber auch die tatsächliche Ausgestaltung des Strafvollzuges gebietet es, die Freiheitsstrafe als letztes Mittel des strafrichterlichen Eingriffs in das Leben eines Verurteilten zu betrachten.

Das Strafvollzugsgesetz (StVollzG) aus dem Jahre 1976 regelt den Vollzug der Freiheitsstrafe in den Justizvollzugsanstalten und der freiheitsentziehenden Maßregeln der Besserung und Sicherung in den dafür vorgesehenen psychiatrischen- bzw. Entziehungsanstalten. Dieses Gesetz geht – ziemlich optimistisch – davon aus, dass die Strafanstalten mit den ihnen zur Verfügung stehenden Mitteln eines zeitgemäßen

Strafvollzuges dazu beitragen, den Straftäter zu resozialisieren, d. h. in der Weise auf ihn einzuwirken, dass er nach der Strafverbüßung in sozialer Verantwortung ein Leben ohne Straftaten führt. Dazu heißt es in § 2 StVollzG:

> Im Vollzug der Freiheitsstrafe soll der Gefangene befähigt werden, künftig in sozialer Verantwortung ein Leben ohne Straftaten zu führen (Vollzugsziel). Der Vollzug der Freiheitsstrafe dient auch dem Schutz der Allgemeinheit vor weiteren Straftaten.

Über die Gestaltung des Vollzuges sagt § 3 StVollzG:

1. Das Leben im Vollzug soll den allgemeinen Lebensverhältnissen soweit als möglich angeglichen werden.
2. Schädlichen Folgen des Freiheitsentzuges ist entgegenzuwirken.
3. Der Vollzug ist darauf auszurichten, dass er dem Gefangenen hilft, sich in das Leben in Freiheit einzugliedern.

Dass dieses Ziel nur sehr unvollkommen erreicht wird, ist allgemein bekannt. Abgesehen von wenigen sozialtherapeutisch ausgestatteten Sonderabteilungen in einigen Strafanstalten läuft der heutige deutsche Strafvollzug praktisch weitgehend noch auf einen sogenannten Verwahrvollzug hinaus. Die negativen Faktoren, die aus der Natur eines Freiheitsentzuges folgen, stehen im Vordergrund des Vollzugsalltags und stellen die wenigen positiven Ansätze echter Sozialisationshilfe immer wieder in Frage. Dies spiegelt sich am Deutlichsten in der hohen *Vorbestraftenquote* wider.

Laut statistischem Jahrbuch haben deutsche Gerichte 2011 rund 808.000 Personen verurteilt (653.000 Männer und 154.000 Frauen), davon 579.000 zu einer Geldstrafe, 126.000 zu einer Freiheitsstrafe und 16.000 zu einer Jugendstrafe. 69 % der Freiheitsstrafen wurden zur Bewährung ausgesetzt. Am 31.8.2013 saßen 63.317 Personen im Gefängnis (17 % davon weiblich), rund 80 % von ihnen nicht zum ersten Mal.

Diese Zahlen belegen, dass die Strafanstalten einen großen Teil ihrer „Kundschaft" reproduzieren, statt sie aus ihrer Versagerrolle zu befreien. Der Vollzugsalltag zeichnet sich durch Isolation aus, nicht nur Isolation von der Familie und den Freunden, sondern auch von den Mitgefangenen. Jeder ist sich selbst der Nächste im Knast. Übersteigertes Misstrauen gegenüber den Vollzugsbeamten, Sozialarbeitern und Mitgefangenen ist an der Tagesordnung und kann nur in Einzelfällen abgebaut werden. Körperliche Auseinandersetzungen bis hin zu erpresserischen Straftaten unter den Gefangenen sind an der Tagesordnung. Auch der Konsum von Drogen sowie der Handel damit kommen regelmäßig vor. Das gewohnte Sexualleben wird zerrüttet und führt nicht selten zu homosexueller Ersatzbefriedigung.

Die Persönlichkeit der Gefangenen wird eher zerstört als durch soziales Training aufgebaut. Statt die Eigenverantwortlichkeit zu fördern, führt der Strafvollzug zur Unselbständigkeit der Gefangenen. Sozialwissenschaftler bezeichnen die Haftanstalt auch als „totale Institution", in der alles reglementiert ist und der Gefangene immer mehr an Eigenpersönlichkeit verliert. Schikanöse Behandlungen durch die Vollzugsbeamten, gegen die sich die Gefangenen meist nicht wehren können, kommen nicht selten vor. Beschwerden der Gefangenen führen selten zum Erfolg. Fast alle Strafanstalten sind personell unterbesetzt. Die derzeit dort Tätigen sind nur in geringem Maße sozialpädagogisch oder psychologisch ausgebildet. Eine seit Jahren diskutierte Reform des Strafvollzuges ist erst in kleinen Teilbereichen verwirklicht worden. Es wird wohl noch einige Zeit – wenn nicht ewig – dauern, bevor die Strafanstalten der Aufgabe gerecht werden können, die ihnen der Gesetzgeber bei Abfassung der neueren Strafgesetze zugedacht hat. Angesichts dieser offenkundigen Mängel des Strafvollzuges muss man sich davor hüten, anzunehmen, dass mit der Festsetzung der vom Gesetz vorgesehenen Strafe nunmehr alles in bester Ordnung sei.

Soll in den Strafanstalten wirklich „resozialisiert" werden, so ist der Betrieb dort neu zu organisieren; und zwar weg von der Verwahranstalt mit ihrem Vorrang für Sicherung, Ordnung, bürokratisierter Verwahrung und hin zu einer hilfeorientierten Behandlungseinrichtung. Bei einer schrittweisen Neugestaltung geht es zuallererst um die Gewährleistung menschlicher Grundbedürfnisse, wie z. B. angemessener Unterbringung und Verpflegung, hinreichende Besuchskontakte, anregender Arbeit und Freizeitbetätigung. Ein nächster Schritt wäre mit dem Ausbau einzelner hilfeorientierter Maßnahmen zu tun, die auch gleichzeitig das Sicherungs- und Ordnungssystem in der Anstalt lockern würden (z. B. Schulbildung, Berufsbildung, Umschulung, Gruppenarbeit mit Anstaltsexternen sowie großzügige Gewährung von Urlaub). Schließlich könnte erst ein „therapeutisches Milieu" einen wirklichen Behandlungsvollzug ermöglichen. Hier hätte das Prinzip der Resozialisierung Vorrang vor Sicherung, Ordnung und Ökonomie der Verwaltung und Verwahrung; es wären die Verständigungsschwierigkeiten zwischen den einzelnen sozialen Gruppen aufzulösen, insbesondere zwischen den Gefangenen und Aufsichtsbediensteten; so könnten auch die Verurteilten selbst am Behandlungsprozess teilnehmen.

Erste Maßnahmen zur Einführung des Behandlungsvollzuges könnten sein:

- die Einteilung der Gefangenen nach Merkmalen, die für die Resozialisierung von Bedeutung sein können (wie: soziale Herkunft, Lebensgeschichte, Straftaten, Interessen),
- mehr „Behandlungspersonal" (Sozialarbeiter, Pädagogen, Ärzte, Psychologen, Sozialtherapeuten), damit hilfeorientierte Programme im Bereich Bildung,

Ausbildung, Weiterbildung und Individual- wie Sozialtherapie durchgeführt werden können,

- eine bessere Ausbildung für die Aufsichts- und Werkbeamten, damit diese zur Mitarbeit an Resozialisierungsmaßnahmen befähigt sind.

Zu Recht sprach der Strafrechtslehrer Eberhard Schmidt von den Gefängnisbauten als „steingewordenen Riesenirrtümern". Die Strafanstaltsarchitektur ist nach den Behandlungsbedürfnissen der Gefangenen umzugestalten, z. B. durch Auflösung der Massenunterbringung und Schaffung von Vollzugs- und Wohngruppen.

Schließlich ist die bislang strikte Trennung von Strafanstalt und Gesellschaft dadurch aufzuheben, dass Fachkräfte und fachlich orientierte Laien sowie Anstaltsbeiräte im Strafvollzug mitarbeiten. Hierher gehören auch Lockerungen des Vollzugs, wie z. B. beaufsichtigte und unbeaufsichtigte Arbeit der Einsitzenden außerhalb der Anstalt („Außenarbeit" und „Freigang"). Ebenso ist an eine intensive Entlassungsvorbereitung durch die Anstalt in Zusammenarbeit mit öffentlichen und privaten Stellen der Straffälligenhilfe zu denken.

4.1.2   Dauer der Freiheitsstrafe

Wenn nicht lebenslange Freiheitsstrafe (z. B. bei Mord) vom Gesetz angedroht ist, bewegt sich die Strafe zwischen einem Monat und fünfzehn Jahren Dauer. Das Mindest- und Höchstmaß wird in den einzelnen Tatbeständen des Strafgesetzbuches besonders bestimmt. Freiheitsstrafen unter sechs Monaten sollen nur verhängt werden, „wenn besondere Umstände, die in der Tat oder der Persönlichkeit des Täters liegen, die Verhängung einer Freiheitsstrafe zur Einwirkung auf den Täter oder zur Verteidigung der Rechtsordnung unerlässlich machen" (§ 47 StGB). Damit ist vom Gesetz klargestellt, dass nur ganz ausnahmsweise auf eine kurzfristige Freiheitsstrafe erkannt werden soll; regelmäßig ist ihr die Geldstrafe vorzuziehen.

4.2   Strafaussetzung zur Bewährung (§ 56 StGB)

Die Freiheitsstrafe ist ein schwerer Eingriff in die Lebensgestaltung des Verurteilten; sie kann überdies eine unerwünschte weitere Kriminalisierung nach sich ziehen. Wer vorbestraft ist, wird allzu leicht wieder straffällig. Daher liegt es auf der Hand, dass der Richter sich in jedem Falle zu fragen hat, ob – wenn die Freiheitsstrafe schon unumgänglich ist – sie nicht zur Bewährung ausgesetzt werden kann; immerhin werden etwa zwei Drittel aller zur Bewährung ausgesetzten Strafen nach erfolgreichem Verlauf der Bewährungszeit erlassen! Das Gesetz unterscheidet bei der Strafaussetzung zur Bewährung zwischen Strafen bis zu einem und bis zu zwei Jahren Dauer. Für längerfristige Verurteilungen ist die Strafaussetzung zur Bewährung bisher nicht vorgesehen. Will das Gericht Freiheitsentzug von maximal zwölf Monaten verhängen, so wird diese Strafe meist zur Bewährung auszusetzen sein. Denn in diesem Fall fordert das Gesetz lediglich, dass die Richter erwarten können, der Angeklagte ließe sich allein die Verurteilung ohne Vollzug eine Lehre sein und werde künftig keine Straftat mehr begehen. Soll dem Angeklagten dagegen eine Strafe zwischen ein und zwei Jahren auferlegt werden, so kann das Gericht die Strafe zur Bewährung aussetzen, „wenn besondere Umstände in der Tat und in der Persönlichkeit des Verurteilten vorliegen" (§ 56 Abs. 2 StGB). Ob ein solcher „besonderer Fall" gegeben ist, der es rechtfertigt, dem Angeklagten noch eine Chance zu geben, hat das Gericht jeweils möglichst wohlwollend zu prüfen („im Zweifel für den Angeklagten").

Die Bewährungszeit wird zwischen zwei und fünf Jahren vom Gericht bestimmt. Im Rahmen des sogenannten Bewährungsbeschlusses kann das Gericht neben der Festlegung der Bewährungszeit noch zusätzliche Maßnahmen gegenüber dem Verurteilten treffen. Möglicherweise erlegen die Richter ihm auf, den angerichteten Schaden wiedergutzumachen, eine Geldbuße zu zahlen oder eine gemeinnützige Leistung zu erbringen. Sie können ihm auch bestimmte Weisungen für die Dauer der Bewährungszeit erteilen; hier führt das Gesetz namentlich auf:

> „1. Anordnungen zu befolgen, die sich auf Aufenthalt, Ausbildung, Arbeit oder Freizeit oder auf die Ordnung seiner wirtschaftlichen Verhältnisse beziehen,
> 2. sich zu bestimmten Zeiten bei Gericht oder einer anderen Stelle zu melden,
> 3. mit bestimmten Personen oder mit Personen einer bestimmten Gruppe, die ihm Gelegenheit oder Anreiz für weiteren Straftaten bieten können, nicht zu verkehren, sie nicht zu beschäftigen, auszubilden oder zu beherbergen,
> 4. bestimmte Gegenstände, die ihm Gelegenheit oder Anreiz zu weiteren Straftaten bieten können, nicht zu besitzen, bei sich zu führen oder verwahren zu lassen oder
> 5. Unterhaltspflichten nachzukommen" (§ 56c Abs. 2 StGB).

Die noch weitergehenden Weisungen, an einer Heilbehandlung oder Entziehungskur teilzunehmen und hierzu sich in einem Heim oder in einer Anstalt aufzuhalten, dürfen nur mit Einwilligung des Betroffenen selbst erteilt werden.

Auch wenn die Richter bestimmte Verhaltensweisen des Verurteilten für erforderlich halten, so müssen diese doch nicht in die Form von Auflagen und Weisungen gekleidet werden. Bietet der Verurteilte vielmehr von sich aus angemessene Leistungen zur Wiedergutmachung der Tat an bzw. macht er entsprechende Zusagen für seine künftige Lebensführung, so wird das Gericht hierauf eingehen und von sich aus von ausdrücklichen Auflagen und Weisungen absehen. Falls erforderlich, unterstellt das Gericht den Verurteilten für die Dauer der Bewährungszeit der Aufsicht und Leitung eines Bewährungshelfers. Das soll in der Regel geschehen, wenn die Bewährungsstrafe mehr als neun Monate beträgt und der Betroffene jünger als 27 Jahre ist. § 56d Abs. 3 StGB definiert die Aufgaben des Bewährungshelfers wie folgt:

> Der Bewährungshelfer steht dem Verurteilten helfend und betreuend zur Seite. Er überwacht im Einvernehmen mit dem Gericht die Erfüllung der Auflagen und Weisungen sowie der Anerbieten und Zusagen. Er berichtet über die Lebensführung des Verurteilten in Zeitabständen, die das Gericht bestimmt. Gröbliche oder beharrliche Verstöße gegen Auflagen, Weisungen, Anerbieten oder Zusagen teilt er dem Gericht mit.

Reststrafenaussetzung

Nach Verbüßung von zwei Dritteln einer Freiheitsstrafe – in Ausnahmefällen sogar schon nach der Hälfte – kann die Strafvollstreckungskammer beim Landgericht den Strafrest zur Bewährung aussetzen, sofern die Prognose günstig ist und dies unter Berücksichtigung des Sicherheitsinteresses der Allgemeinheit verantwortet werden kann (§ 57 StGB). Eine Zwei-Drittel-Entlassung erfolgt bei etwa 46 % der Inhaftierten, Halbstrafenentlassung nur in etwa 2 % der Fälle.

Wenn eine Strafe von mindestens zwei Jahren – bei Sittlichkeitsdelikten sogar schon von einem Jahr – dagegen vollständig verbüßt wird, tritt gemäß § 68f StGB Führungsaufsicht ein, so dass der Verurteilte auch nach der Strafhaft weiterhin unter der Kontrolle der Sozialen Dienste der Justiz steht, wobei ihm in der Regel ein Bewährungshelfer zur Seite gestellt wird und ihm verschiedene Weisungen hinsichtlich seiner Lebensführung gemacht werden (vgl. dazu Kap. IV 6 e).

4.3   Geldstrafe (§ 40 StGB)

Die Geldstrafe wird in Tagessätzen verhängt. Sie beträgt mindestens fünf und, wenn das Gesetz nichts anderes bestimmt, höchstens 360 volle Tagessätze, bei einer Gesamtstrafe wegen mehrerer Taten sogar 720 Tagessätze (§ 54 Abs. 2 StGB). Die Höhe eines Tagessatzes bestimmt das Gericht unter Berücksichtigung der persönlichen und wirtschaftlichen Verhältnisse des Täters. Dabei geht es in der Regel von dem Nettoeinkommen aus, das der Täter durchschnittlich an einem Tag hat oder haben könnte. Ein Tagessatz wird auf mindestens einen und höchstens 30.000 € festgesetzt. Die Mindestgeldstrafe beträgt also 5 €, die höchstmögliche 21.600.000 € (bei Gesamtstrafe).Die Einkünfte des Täters, sein Vermögen und andere Grundlagen für die Bemessung eines Tagessatzes können geschätzt werden. In der Entscheidung werden Zahl und Höhe der Tagessätze angegeben (§ 40 StGB).

Das Tagessatzsystem bei der Bemessung der Geldstrafe wurde 1975 nach dem Vorbild der skandinavischen Länder in das Strafgesetzbuch aufgenommen. Mit ihm soll erreicht werden, daß die Geldstrafe Arme wie Reiche möglichst in gleicher Weise trifft. Bei dieser – verglichen mit dem vorherigen Recht – sicherlich gerechteren Bemessung der Geldstrafen muss man sich aber der Problematik bewusst sein, dass in den Kreisen der weniger verdienenden Bevölkerung die Geldstrafe eigentlich immer in erster Linie die – unschuldige – Familie und viel weniger den Straftäter selbst trifft. Die wohlhabenderen Straftäter, bei denen der einzelne Tagessatz auf bis zu 30.000 € festgesetzt werden kann, spüren die Strafe in den wenigsten Fällen sonderlich stark, da sie die Strafe in der Regel ohne Schwierigkeiten aus vorhandenen Geldreserven oder mit Hilfe leicht aufzunehmender Kredite bezahlen können. Hier besteht der Effekt der Strafe weniger in einer erzwungenen Einschränkung ihres Lebensstils als vielmehr darin, dass sie sich über die für sie nutzlose Geldausgabe kräftig ärgern.

Bei finanziell schwachen Verurteilten – und das sind die meisten, z.B. Hartz-IV-Empfänger – besteht allerdings die Möglichkeit, dass sie ihre Strafe in Form von unentgeltlicher gemeinnütziger Arbeit abarbeiten, wobei ein Tagessatz mit 6 Stunden Arbeit verrechnet wird.

4.4   Verwarnung mit Strafvorbehalt (§ 59 StGB)

Geldstrafen können zwar nicht zur Bewährung ausgesetzt werden; das Gesetz eröffnet jedoch dem Gericht eine vergleichbar abschwächende Möglichkeit: Bei Taten, die mit nicht mehr als 180 Tagessätzen Geldstrafe geahndet zu werden brauchen, kann der Richter von einer Verurteilung zunächst überhaupt absehen und den Täter dafür lediglich verwarnen. Darüber hinaus stellt das Gericht im Urteil fest, dass der Täter schuldhaft gehandelt habe und bestimmt eine Geldstrafe bis zu 180 Tagessätzen. Diese Geldstrafe verhängt das Gericht aber nicht gleich, sondern behält sie sich für die Dauer einer Bewährungszeit von ein bis zwei Jahren vor. Erachtet das Gericht es für notwendig, so erteilt es daneben noch Auflagen (Schadenswiedergutmachung, gemeinnützige Leistungen, Geldbuße, ambulante Heilerziehung oder ambulante Entziehungskur, Verkehrsunterricht). Die bei der normalen Bewährungsstrafe möglichen weiteren Weisungen sowie die Unterstellung unter einen Bewährungshelfer sind bei der Verwarnung mit Strafvorbehalt merkwürdigerweise vom Gesetzgeber nicht vorgesehen worden.

Bei einer „Verwarnung mit Strafvorbehalt" ist der Täter auch nach ergangenem Urteil nicht „vorbestraft", eine z. B. für das Berufsleben wichtige Tatsache. Hält der Verurteilte die Auflagen ein und wird er nicht wieder straffällig, so stellt das Gericht nach Ablauf der Bewährungszeit fest, dass es bei der Verwarnung sein Bewenden hat; anderenfalls muss es zur vorbehaltenen Geldstrafe verurteilen. Diese Entscheidungen trifft das Gericht ohne Mitwirkung der Schöffen.

4.5 Verfahrensabschluss ohne Urteil – mit und ohne Strafe

Es gibt viele Arten, ein Strafverfahren zu beenden; die Verurteilung ist nur eine davon und eher die Ausnahme. Von den 4.091.000 im Jahre 2011 eingeleiteten Ermittlungsverfahren stellte die Staatsanwaltschaft etwa zwei Drittel ein, davon 32 %, weil sich der ursprüngliche Verdacht nicht bestätigte und 31 % aus Opportunitätsgründen, z. B. wegen geringer Schuld. In 13 % aller Fälle erhob sie Anklage vor dem Strafrichter (Einzelrichter), dem Schöffengericht oder der Strafkammer des Landgerichts, bzw. vor dem Jugendrichter, dem Jugendschöffengericht oder der Jugendkammer des Landgerichts.

Da rund 90 % aller Anklagen beim Strafrichter erhoben werden, findet nur ein kleiner Teil der Gerichtsverhandlungen mit Beteiligung von Schöffen statt.

4.5.1 Strafbefehl

Ähnlich diskret wie die Einstellung eines Verfahrens (unter Auflagen oder ohne solche) ist das Strafbefehlsverfahren, allerdings mit dem Unterschied, dass der Beschuldigte danach vorbestraft ist. Es handelt sich dabei um ein summarisches Verfahren, bei dem die Staatsanwaltschaft den Inhalt der Anklage mit „Strafbefehl" überschreibt und einen Strafantrag an das Gericht (Strafrichter) schickt. Der Richter setzt, wenn ihn sowohl Fallbeschreibung als auch Tatverdacht und Angemessenheit der Strafe überzeugen, seine Unterschrift darunter. Wenn nicht, setzt er einen Termin zur Hauptverhandlung an, in welchem der Strafbefehl als Anklageschrift gilt.

Per Strafbefehl können Geldstrafen bis zur Höchstgrenze (immerhin 21,6 Mio. €), zur Bewährung ausgesetzte Freiheitsstrafen bis zu einem Jahr Dauer sowie die Entziehung der Fahrerlaubnis (mit Sperrfrist bis zu zwei Jahren) verhängt werden.

Das Verfahren setzt nicht die Zustimmung des Beschuldigten voraus, das Gericht hört ihn auch nicht an. Er kann aber, wenn er die Strafe nicht akzeptiert, binnen zweier Wochen Einspruch gegen den Strafbefehl erheben, mit der Folge, dass dann der Fall in einer Hauptverhandlung geklärt werden muss.

Das Strafbefehlsverfahren hat für die Justizbehörden viele Vorteile, es erspart vor allem Zeit und Kosten. Dem Beschuldigten erspart es eine öffentliche Hauptverhandlung, die vielfach sehr peinlich für ihn sein kann, besonders wenn die Presse sich für den Fall interessiert und ihn medienwirksam ausschlachten möchte.

Der rechtskräftige Strafbefehl steht einem Strafurteil gleich, er hat auch den sogenannten Strafklageverbrauch zur Folge, d. h. der Verurteilte kann wegen der Tat nicht mehr weiter verfolgt werden, selbst wenn sie später womöglich in einem ganz anderen Licht erscheint, zum Beispiel sich die fahrlässige Körperverletzung als Mordversuch entpuppt.

4.5.2   Absehen von Strafe (§§ 60, 46a StGB)

Das Gericht sieht von Strafe ab, wenn die Folgen der Tat, die den Täter getroffen haben, so schwer sind, dass eine zusätzliche staatliche Strafe offensichtlich verfehlt erschiene. Voraussetzung ist allerdings, dass der Täter für seine Handlungsweise eine Freiheitsstrafe von nicht mehr als einem Jahr verwirkt hat. Maßgeblich für dieses „Absehen von Strafe" ist der Gedanke, dass der Angeklagte allein durch die Tat bereits hinreichend bestraft sein kann: Verschuldet z. B. jemand einen Verkehrsunfall, bei dem ein Familienangehöriger schwer verletzt oder getötet wird oder verletzt er sich selbst schwer, so kann das Gericht gem. § 60 StGB im Urteil von einer Strafe absehen.

Ebenfalls von Strafe absehen oder die Strafe mildern kann das Gericht, wenn der Täter den von ihm verursachten Schaden ganz oder zum überwiegenden Teil wiedergutgemacht hat oder sich in anderer Weise um einen Täter-Opfer-Ausgleich bemüht hat, dies allerdings nur, wenn keine höhere Strafe als Geldstrafe bis zu 360 Tagessätzen oder Freiheitsstrafe bis zu einem Jahr ausgesprochen werden müsste (§ 46a StGB).

4.5.3   Einstellung des Verfahrens (§§ 153, 153a, 154 StPO)

Verfahren brauchen nicht notwendig mit einem Urteil zu enden; insbesondere bei Vergehen (Straftaten, die im Mindestmaß mit einer Freiheitsstrafe von weniger als einem Jahr oder nur mit Geldstrafe bedroht sind) kann ein Verfahren gem. § 153

StPO eingestellt werden. Das geschieht in aller Regel schon im Ermittlungsverfahren durch die Staatsanwaltschaft. Aber auch nach Erhebung der Anklage, sogar noch in der Hauptverhandlung kann das Verfahren eingestellt werden, dann allerdings nur vom Gericht. Und dieser Einstellung muss sowohl die Staatsanwaltschaft als auch der Angeklagte zustimmen. Eine Einstellung nach § 153 StPO setzt voraus, dass die Schuld des Tatverdächtigen, falls sie festgestellt werden würde, als gering erschiene und weiterhin kein „öffentliches Interesse" an weiterer strafrechtlicher Verfolgung besteht. Dies betrifft in erster Linie die sogenannten Bagatelldelikte; von der Vorschrift kann aber auch Gebrauch gemacht werden, wenn bei Delikten von mittlerem Unrechtsgehalt bereits eine Schadenswiedergutmachung oder ein sogenannter „Täter-Opfer-Ausgleich" stattgefunden hat.

Neben dieser für den Angeklagten besonders vorteilhaften Lösung sieht **§ 153a StPO** noch eine andere Verfahrensbeendigung bei Vergehen vor. Wenn die einfache Einstellung ohne weitere Folgen den Richtern nämlich doch nicht gerechtfertigt erscheint, bleibt die Möglichkeit, das Verfahren vorläufig einzustellen und dem Angeklagten zugleich aufzuerlegen, entweder

- den Schaden wiedergutzumachen oder an einem „Täter-Opfer-Ausgleich" teilzunehmen,
- einen Geldbetrag zugunsten einer gemeinnützigen Einrichtung oder der Staatskasse zu zahlen (hier handelt es sich um eine freiwillige Buße, nicht um eine Geldstrafe),
- sonstige gemeinnützige Leistungen zu erbringen oder
- seinen Unterhaltsverpflichtungen gegenüber den Angehörigen nachzukommen (eine Möglichkeit, die natürlich nur bei vorheriger Verletzung dieser Unterhaltspflicht sinnvoll ist),
- an einem Aufbauseminar nach §§ 2b, 4 des Straßenverkehrsgesetzes teilzunehmen.

Da die Auflagen keine Strafe im Sinne des Gesetzes sind, werden sie auch nicht ins Strafregister eingetragen. Andererseits beseitigen sie das sogenannte öffentliche Interesse an der Strafverfolgung. Wenn der Beschuldigte also die Auflagen erfüllt hat, wird das Verfahren endgültig nicht weiter betrieben, d.h. es wird endgültig eingestellt. Bei der Einstellung unter Auflagen nach § 153a StPO müssen Staatsanwaltschaft und Angeklagter zustimmen.

Die Einstellung jeder Art von Straftaten – nicht nur von Vergehen, sondern auch von Verbrechen – regelt **§ 154 StPO**. Hiernach braucht eine Tat nicht weiter verfolgt zu werden, wenn die zu erwartende Strafe oder Maßregel der Besserung und Sicherung neben einer anderen Strafe oder Maßregel, die bereits rechtskräftig verhängt worden oder aber zu erwarten ist, nicht ins Gewicht fallen würde. Von dieser

Möglichkeit einer vorläufigen Einstellung nach § 154 StPO wird in umfangreichen Verfahren vielfach Gebrauch gemacht, wenn einzelne Anklagepunkte nur schwer aufgeklärt werden können, weil nicht alle Zeugen oder sonstigen Beweismittel in der Verhandlung zur Verfügung stehen oder wenn einzelne Taten einer umfangreichen Anklage gegenüber den übrigen Taten durch einen erheblich geringeren Schuldgehalt aus dem Rahmen fallen (z. B. kleinere Diebstahlsdelikte gegenüber besonders schweren Diebstahlstaten oder Raubtaten). Es können auf diese Weise sowohl einzelne Teile einer Anklage im Hinblick auf die übrigen Anklagepunkte als auch das gesamte Verfahren eingestellt werden. Verbüßt z. B. jemand eine längere Strafe und wird er nun wegen einiger Delikte, die er noch vor seinem Strafantritt beging, angeklagt, dann würde die zu erwartende Strafe die bereits verhängte Strafe kaum wesentlich erhöhen. Wenn man der Auffassung ist, dass die bereits ausgesprochene Strafe „der Schuld angemessen" ist, sollte man das neue Verfahren gem. § 154 StPO einstellen. Die Einstellungen nach § 154 StPO können sowohl im Ermittlungsverfahren bereits von der Staatsanwaltschaft vorgenommen werden, als auch vom Gericht im sogenannten Zwischenverfahren oder aber spätestens in der Hauptverhandlung. Den Antrag müsste allerdings die Staatsanwaltschaft stellen, häufig geschieht dies auf Anregung des Gerichts. Eine Zustimmung des Angeklagten ist für eine Einstellung nach § 154 StPO nicht erforderlich.

4.6   Maßregeln der Besserung und Sicherung

Neben einer Strafe oder an ihrer Stelle kann das Gericht unter bestimmten Voraussetzungen, die im Gesetz geregelt sind, „Maßnahmen der Besserung und Sicherung" anordnen. Diese Maßnahmen, die bislang in erster Linie dem Schutz der Allgemeinheit dienten, sollen in Zukunft stärker unter dem Aspekt der „Besserung" des Täters getroffen werden. An einzelnen Maßnahmen stehen den Richtern zur Verfügung:

4.6.1   Die Unterbringung in einem psychiatrischen Krankenhaus (§ 63 StGB)

Die Unterbringung bezweckt, die Allgemeinheit vor Tätern zu schützen, die im Zustand der Schuldunfähigkeit oder der verminderten Schuldfähigkeit rechtswidrige Taten begangen haben, wenn die Gesamtwürdigung des Täters und seiner Tat erwarten lässt, dass er infolge seines Zustandes weitere erhebliche Straftaten begehen wird und er deshalb für die Allgemeinheit zur Gefahr wird.

4.6.2 Die Unterbringung in einer Entziehungsanstalt (§ 64 StGB)

Diese Form der Unterbringung zu Besserungszwecken kommt für Alkoholiker, Tablettensüchtige und andere Drogenabhängige in Betracht, wenn sie im Rausch oder infolge ihrer Sucht Straftaten begangen haben und weitere erhebliche Straftaten zu befürchten sind. Beispiele: Der chronische Alkoholiker, der im Zustand der Trunkenheit eine schwere Ausschreitung gegen andere Personen begangen hat und bei dem die Prognose ergibt, dass er infolge seines Hanges zum Alkohol zu weiteren schweren Körperverletzungen neigt. Der Rauschgiftsüchtige, der zur Verschaffung weiterer Rauschmittel einen Apothekeneinbruch oder zur Beschaffung von Geldmitteln Wohnungseinbrüche oder einen Raub begangen hat, und bei dem die Persönlichkeitsbeurteilung ergibt, dass er infolge seiner Sucht weitere derartige Straftaten begehen wird.

Von der Unterbringung in einer Entziehungsanstalt wird in der richterlichen Praxis nur sehr zögernd Gebrauch gemacht. Das liegt daran, dass eine Therapie von Süchtigen im Rahmen einer Zwangsunterbringung nur sehr unvollkommen zu erreichen ist, da eine wirkungsvolle Therapie die freiwillige Mitarbeit der Patienten voraussetzt und normale Lebensbedingungen erfordert. In den Entziehungsanstalten wird daher auch meist nur die körperliche Abhängigkeit vom Alkohol oder den Drogen beseitigt, während die psychische Abhängigkeit selten überwunden wird und so die Rückfälligkeit nach der Entlassung aus der Anstalt vorprogrammiert ist, es sei denn, dass der Patient aus eigener Einsicht sich einer weiterführenden Therapie in der Freiheit unterzieht – was selten vorkommt.

4.6.3 Zurückstellung der Vollstreckung bzw. vorläufige Einstellung des Verfahrens bei Drogenabhängigen (§§ 35, 37 BtMG)

Bei drogenabhängigen Straftätern, die ihre Taten aufgrund einer Betäubungsmittelabhängigkeit begangen haben und die nicht zu mehr als zwei Jahren Freiheitsstrafe verurteilt worden sind, kann die Staatsanwaltschaft als Vollstreckungsbehörde mit Zustimmung des Gerichts die Vollstreckung der Strafe oder der Maßregel der Unterbringung in einer Entziehungsanstalt für längstens zwei Jahre zurückstellen, wenn der Verurteilte sich freiwillig in eine seiner Rehabilitation dienende ambulante oder stationäre Drogentherapie begibt (§ 35 Abs. 1 BtMG). Zu stationären Einrichtungen zählen u. a. die meisten sogenannten therapeutischen Wohngemeinschaften, die vielfach unter der Leitung oder Mitarbeit von ehemals Drogenabhängigen stehen

(z. B. „Synanon" in Berlin, das schon länger als 40 Jahre erfolgreich arbeitet). In derartigen Einrichtungen hat der Drogenabhängige in der Regel bessere Chancen, geheilt zu werden, als in den staatlichen Entziehungsanstalten nach § 64 StGB. Falls der Proband die Behandlung allerdings abbrechen sollte, widerruft die Vollstreckungsbehörde die Zurückstellung der Vollstreckung, so dass der Verurteilte dann die Strafe antreten oder sich in die staatliche Entziehungsanstalt begeben muss (§ 35 Abs. 5 BtMG).

Nach § 37 Abs. 2 BtMG kann auch das Gericht – mit Zustimmung der Staatsanwaltschaft – bis zum Ende der Hauptverhandlung das Verfahren durch einen Beschluss vorläufig einstellen, sofern nicht mehr als zwei Jahre Freiheitsstrafe zu erwarten sind und der Drogenabhängige sich bereits in eine Drogentherapie begeben hat. Falls er die Therapie abbrechen sollte, wird das Strafverfahren sodann mit einer erneuten Hauptverhandlung fortgesetzt.

4.6.4 Die Unterbringung in der Sicherungsverwahrung (§ 66 StGB)

Die Sicherungsverwahrung können die Strafkammern des Landgerichts bei gefährlichen Hangtätern neben der Strafe anordnen und im Anschluss an die Strafverbüßung vollstrecken lassen, um die Allgemeinheit vor zu erwartenden neuen Straftaten zu schützen. Sicherungsverwahrung setzt allerdings voraus, dass der Täter wegen einer schweren vorsätzlichen Straftat, die sich gegen das Leben, die körperliche Unversehrtheit, die persönliche Freiheit, die sexuelle Selbstbestimmung oder die öffentliche Ordnung richtet, ferner bei Raubdelikten, gemeingefährlichen Straftaten, Delikten wie Völkermord und Kriegsverbrechen oder schweren Straftaten nach dem Betäubungsmittelgesetz zu mindestens zwei Jahren Freiheitsstrafe verurteilt wird und vor der Tat bereits zweimal jeweils zu Freiheitsstrafe von mindestens einem Jahr verurteilt worden ist und davon mindestens zwei Jahre Freiheitsstrafe verbüßt oder sich im Vollzug einer Maßregel der Besserung und Sicherung befunden hat. Bei geringeren Straftaten wie Diebstahl, Betrug oder Urkundenfälschung kann dagegen keine Sicherungsverwahrung angeordnet werden. Aber auch ohne Vorstrafen kann bei gefährlichen Hangtätern die Sicherungsverwahrung angeordnet werden, wenn jemand drei schwere Verbrechen begangen hat, von denen er mindestens in einem Falle zu Freiheitsstrafe von drei Jahren verurteilt wird.

Vorbehalt der Sicherungsverwahrung (§ 66a StGB): Das Gericht kann sich gemäß § 66a StGB im Urteil die Anordnung der Sicherungsverwahrung auch lediglich **vorbehalten**, weil es noch nicht prognostizieren kann, ob der Angeklagte nach Verbüßung seiner Strafe weitere gefährliche Straftaten begehen wird. Es kann

dann noch kurz vor der vollständigen Vollstreckung der Strafe die Sicherungsverwahrung anordnen, wenn nämlich die Gesamtwürdigung des Verurteilten, seiner
Tat und ergänzend seine Entwicklung im Strafvollzug ergibt, dass von ihm erhebliche Straftaten zu erwarten sind, durch welche die Opfer seelisch oder körperlich
schwer geschädigt werden.

Nachträgliche Sicherungsverwahrung (§ 66b StGB): Ferner kann die Strafvollstreckungskammer die Sicherungsverwahrung gemäß § 66b StGB ausnahmsweise
auch **nachträglich** anordnen, wenn die Unterbringung in einer psychiatrischen
Einrichtung vorzeitig für erledigt erklärt wird, die Gefährlichkeit des Verurteilten
zur Begehung gravierender Straftaten aber nach wie vor besteht.

Die aktuellen Regelungen zur Sicherungsverwahrung sind gesetzlich seit dem
1.6.2013 neu geordnet worden, nachdem die vorherigen viel weiter reichenden
gesetzlichen Regeln vom Bundesverfassungsgericht in seinem Urteil vom 4.5.2011
in weiten Teilen für verfassungswidrig erklärt worden waren. Im Gesetz ist jetzt
festgeschrieben worden, dass die Sicherungsverwahrung intensiv therapeutisch
begleitet und in besonderen, vom Strafvollzug abgetrennten Abteilungen oder
sogar eigenständigen Anstalten vollzogen werden muss (sog. „Abstandsgebot" –
vorgegeben vom Bundesverfassungsgericht). Auch sollen jetzt in geeigneten Fällen
gegen Ende der Sicherungsverwahrung Vollzugslockerungen gewährt und eine
bevorstehende Entlassung sorgfältig vorbereitet werden.

Mit dem genannten Gesetz ist die Sicherungsverwahrung auch gleich auf Jugendliche und Heranwachsende ausgeweitet worden – bisher nicht möglich -, indem
sie in Form eines Vorbehalts der Anordnung für die Zeit nach dem Strafvollzug
ermöglicht wird.

Ob diese Neuregelungen der Sicherungsverwahrung einer erneuten Prüfung
des Bundesverfassungsgerichts standhalten, bleibt abzuwarten.

Die Ausweitung auf Jugendliche und Heranwachsende erscheint bedenklich.
Der Sicherungsgedanke, der allein die Sicherungsverwahrung beherrscht, ist mit
dem Erziehungsgedanken des Jugendstrafrechts kaum vereinbar.

4.6.5 Die Führungsaufsicht (§ 68 StGB)

Das Gericht kann neben einer Strafe die Führungsaufsicht anordnen, wenn wegen
einer Straftat, bei der das Gesetz sie ausdrücklich vorsieht (z. B. bei Straftaten gegen
die sexuelle Selbstbestimmung, bei erpresserischem Menschenraub, Geiselnahme,
Hehlerei, Diebstahl, Betrug), eine Freiheitsstrafe von mindestens sechs Monaten
verhängt wird. Außerdem muss die Gefahr bestehen, dass der Verurteilte weitere
Straftaten begehen wird.

Ferner tritt Führungsaufsicht ohne besondere Anordnung ein (§ 68f StGB), wenn eine Freiheitsstrafe von mindestens 2 Jahren Dauer – bei Sexualdelikten sogar schon von einem Jahr Dauer – voll verbüßt wird, ohne dass ein Strafrest zur Bewährung ausgesetzt wird.

Ausnahmsweise kann allerdings auch angeordnet werden, dass diese Maßregel entfällt, wenn zu erwarten ist, dass der Betroffene auch ohne Führungsaufsicht keine Straftaten mehr begehen wird – was allerdings äußerst selten der Fall sein dürfte.

Die Führungsaufsicht hat zur Folge, dass der Verurteilte einer Aufsichtsstelle unterstellt und ihm ein Bewährungshelfer bestellt wird. Es können ihm dabei vielfältige Weisungen (vgl. § 68b StGB) hinsichtlich seiner Lebensführung erteilt werden, die über die bei einer Strafaussetzung zur Bewährung üblichen Weisungen weit hinausreichen, z. B. auch das Tragen einer sog. elektronischen Fußfessel (bei Sexualstraftätern häufig angeordnet).

Die Führungsaufsicht dauert mindestens zwei und höchstens fünf Jahre und beginnt mit der Entlassung aus der Verwahrung.

4.6.6 Die Entziehung der Fahrerlaubnis (§ 69 StGB)

Wird jemand wegen einer rechtswidrigen Tat, die er bei oder im Zusammenhang mit dem Führen eines Kraftfahrzeuges oder unter Verletzung der Pflichten eines Kraftfahrzeugführers begangen hat, verurteilt oder nur deshalb nicht verurteilt, weil seine Schuldunfähigkeit erwiesen oder nicht auszuschließen ist, so entzieht ihm das Gericht die Fahrerlaubnis, wenn sich aus der Tat ergibt, dass er zum Führen von Kraftfahrzeugen ungeeignet ist (§ 69 StGB).

Gleichzeitig wird in solchen Fällen gem. § 69a StGB der Führerschein eingezogen und eine Sperre zwischen sechs Monaten und fünf Jahren Dauer bis zur Wiedererteilung einer Fahrerlaubnis angeordnet. Die Sperre kann auch für immer angeordnet werden, wenn zu erwarten ist, dass die Frist von fünf Jahren zur Abwehr der vom Täter drohenden Gefahr nicht ausreicht.

In minder schweren Verkehrsvergehen kann statt der Entziehung der Fahrerlaubnis lediglich auf die Nebenstrafe eines **Fahrverbotes** für die Dauer von ein bis sechs Monaten erkannt werden (§ 44 StGB).

Immer wieder gibt es Initiativen (zuletzt anlässlich der Beratungen zum Koalitionsvertrag CDU/CSU/SPD 2013), eine Entziehung der Fahrerlaubnis oder aber ein Fahrverbot zu einer allgemeinen Strafe zu machen, die auch als Sanktion für Straftaten verhängt werden kann, die mit dem Straßenverkehr nichts zu tun haben. Bislang hat sich für diese ziemlich widersinnige Idee allerdings keine parlamentarische Mehrheit finden können – zuletzt 2010 von der Innenministerkonferenz verworfen.

4.6.7 Das Berufsverbot (§ 70 StGB)

Zweck des Berufsverbotes ist der Schutz der Allgemeinheit vor Personen, die unter Missbrauch ihres Berufs oder Gewerbes oder unter grober Verletzung der mit ihnen verbundenen Pflichten Straftaten begangen haben, wenn die Gesamtwürdigung des Täters und der Tat die Gefahr begründet, dass er bei weiterer Ausübung der Tätigkeit erhebliche ähnliche Straftaten begehen wird. Das Berufsverbot wird für ein bis fünf Jahre ausgesprochen, kann aber auch ohne zeitliche Beschränkung angeordnet werden, wenn die Höchstzeit von fünf Jahren zur Abwehr der vom Täter drohenden Gefahr nicht ausreicht.

Bei allen Maßregeln der Besserung und Sicherung gilt der *Grundsatz der Verhältnismäßigkeit* (§ 62 StGB), d. h. „eine Maßregel darf nicht angeordnet werden, wenn sie zur Bedeutung der vom Täter begangenen und zu erwartenden Taten sowie zu dem Grad der von ihm ausgehenden Gefahr außer Verhältnis steht" (Beispiel: keine Sicherungsverwahrung bei Ladendiebstahl oder Zechbetrug).

4.6.8 Die strafrechtliche Vermögensabschöpfung (§§ 73 ff StGB)

Mit den Vorschriften zur strafrechtlichen Vermögensabschöpfung wird der staatliche Zugriff auf einen durch eine Straftat erlangten Gewinn geregelt. **Straftaten sollen sich nicht lohnen!** Somit sollen deliktisch erlangte Vermögenswerte nicht beim Täter verbleiben bzw. es soll ein „Wertersatz" erfolgen. Hat der Täter oder Teilnehmer durch eine rechtswidrige Tat etwas erlangt, dann ordnet das Gericht dessen Einziehung an, und zwar auch dann, wenn die Gegenstände durch anderweitige rechtswidrige Taten erlangt worden sind – was oft bei Hausdurchsuchungen zufällig festgestellt wird. Ist die Einziehung wegen der Beschaffenheit der Sache oder aus einem anderen Grunde nicht möglich, ordnet das Gericht die Einziehung eines Geldbetrages an, der dem Wert des Erlangten entspricht (sog. „Wertersatz"). Auch Gegenstände, die durch eine vorsätzliche Tat hervorgebracht (sog. „Tatprodukte") oder zu ihrer Begehung oder Vorbereitung bestimmt waren (sog. „Tatmittel"), unterliegen der Einziehung.

Die Einziehung kann auch gegen eine andere Person, die nicht Täter oder Teilnehmer ist, angeordnet werden, wenn diese durch die Tat etwas erlangt hat und der Täter für sie gehandelt hat bzw. ihr das Erlangte unentgeltlich übertragen hat oder es auf sie erbrechtlich übergegangen ist (§ 73 b Abs. 1 StGB). Es kann auf diese Weise z. B. im Kampf gegen die Organisierte Kriminalität arabischer Groß-familien in Berlin von diesen mittels Strohmännern, die irgendwo im arabischen Raum verarmt leben, im Wege der Geldwäsche erworbenes Wohnungseigentum beschlagnahmt und eingezogen werden – so geschehen im Herbst 2018 in Berlin und Brandenburg, wo 77 Immobilien im Wert von insgesamt 9,3 Millionen Euro beschlagnahmt worden sind, die mit Geldern aus millionenschweren Einbrüchen über libanesische Strohmänner erworben worden sind. In diesen Fällen ist es aller-dings wegen der schwierigen Beweisführung fraglich, ob es in allen diesen Fällen zu einer rechtskräftigen Aburteilung der Einziehung kommt.

Mit Ablauf von 6 Monaten nach Rechtskraft des Urteils über die Einziehung geht das Eigentum an der Sache oder das Recht auf den Staat über, es sei denn, dass vorher Derjenige, dem der Gegenstand gehört oder zusteht, sein Recht bei der Voll-streckungsbehörde (Staatsanwaltschaft oder Jugendrichter als Vollstreckungsleiter) angemeldet hat. In diesen Fällen wird die Sache an den Verletzten herausgegeben oder aber ein vom Staat eingetriebener Wertersatz an ihn ausgekehrt (§ 459 h StPO).

Neben der staatlich betriebenen Vermögensabschöpfung ist eine vom Verletzten erhobene Adhäsionsklage (s. unter 3.3.5) nach wie vor möglich – mit Ausnahme im Verfahren gegen einen Jugendlichen (§ 81 JGG).

Die Adhäsionsklage geht im Übrigen noch weiter als die staatliche Vermögens-abschöpfung – es kann z. B. auch Schmerzensgeld eingeklagt werden bzw. Zinsen auf den Ersatzanspruch geltend gemacht werden. Sofern der Verletzte aus seinem Titel oder auf freiwilliger Basis vom Täter etwas erlangen sollte, unterbleibt dann allerdings die staatliche Vollstreckung der angeordneten Einziehung.

Gemäß § 421 StPO kann das Gericht mit Zustimmung der Staatsanwaltschaft von einer Einziehung absehen, wenn das Erlangte nur einen geringen Wert hat (in der Regel 125,- bis 150,- € – einige Staatsanwaltschaften gehen sogar schon von 500,- € aus), die Einziehung neben der zu erwartenden Strafe oder Maßregel der Besserung und Sicherung nicht ins Gewicht fällt oder das Verfahren, soweit es die Einziehung betrifft, einen unangemessenen Aufwand erfordern würde. Damit wird ein nicht unerheblicher Ermessensspielraum für die staatliche Vermögens-abschöpfung gewährleistet.

Strafen und Maßnahmen bei Jugendlichen und Heranwachsenden 5

5.1 Allgemeines im Jugendstrafrecht

Straftaten Jugendlicher (zur Tatzeit 14–17 Jahre alt) und Heranwachsender (zur Tatzeit 18–20 Jahre alt) unterliegen den Vorschriften des Jugendgerichtsgesetzes (JGG) aus dem Jahre 1953, das eine Fortentwicklung des Reichsjugendgerichtsgesetzes aus dem Jahre 1923 darstellt. Trotz mehrfacher Änderungen enthält das JGG immer noch Begriffe wie z. B. „schädliche Neigungen", „Zuchtmittel", „Erziehungsmaßregeln", die mit modernen Erziehungsprinzipien nicht zu vereinbaren sind, da sie noch heute die frühere Tendenz des Jugendstrafrechts – Erziehung zu Zucht und Ordnung – aufzeigen. Trotz dieser weitgehend veralteten Begriffe gibt das Gesetz den Richtern einen außerordentlich großen Maßnahmenspielraum, der es ermöglichen soll, in jedem Einzelfall eine pädagogisch vernünftige Reaktion auf die Straftat des Jugendlichen zu treffen. Dabei steht der Erziehungsgedanke ganz im Vordergrund der richterlichen Maßnahmen, während der Sühnegedanke allenfalls noch bei Kapitalverbrechen (z. B. Mord, Totschlag) eine Rolle spielt. Die Tätigkeit des Jugendrichters ist eigentlich mehr Sozialpädagogik als Juristerei. Trotz aller nach dem JGG möglichen richterlichen Erziehungshilfen darf man die Effektivität der getroffenen Maßnahmen jedoch nicht überbewerten. Bei der Entwicklung schwer gestörten Jugendlichen reichen die Mittel des Jugendrichters selten aus, um eine jahrelang fehlgelaufene Sozialisation aufzufangen und auf Dauer in positive Bahnen zu lenken. Mit der Jugendstrafe ist heute bei realistischer Einschätzung nicht viel mehr zu erreichen, als die Verurteilten an ein äußerlich geordnetes Leben zu gewöhnen (Arbeitstraining, sinnvolle Freizeitgestaltung – wobei diese allerdings wenig den Bedingungen in der Freiheit entspricht – und sie in der Ausbildung zu fördern, z. B. Hauptschulabschluss, Kurzausbildung in einigen Grundberufen). Die Rückfallquote, die je nach Jugendstrafanstalt zwischen 40 und 70 % schwankt, macht deutlich, dass die Möglichkeiten der Jugendstrafanstalten nicht ausreichen, den jugendlichen Straftätern eine effektive Hilfe bei der Bewältigung von

© Springer Fachmedien Wiesbaden GmbH, ein Teil von Springer Nature 2019
A. Lüthke und I. Müller, *Strafjustiz für Nicht-Juristen*,
https://doi.org/10.1007/978-3-658-24227-5_5

Konfliktsituationen zu gewähren und sie zu eigenverantwortlichem Verhalten im Rahmen der bestehenden gesellschaftlichen Regeln zu führen. Das Dilemma liegt in dem eigentlich nicht aufzulösenden Widerspruch zwischen Vollzugsanspruch (Resozialisierung, Erziehung) und der Realität des Knastalltages, der mit den Bedingungen in der Freiheit wenig gemeinsam hat.

Bei der Verurteilung Jugendlicher verlangt das JGG (§ 3), jeweils zu prüfen, ob der Jugendliche schon strafrechtlich verantwortlich ist, d. h., wie das Gesetz es ausdrückt, ob er zur Zeit der Tat nach seiner sittlichen und geistigen Entwicklung reif genug war, das Unrecht der Tat einzusehen und nach dieser Einsicht zu handeln. Um dieses festzustellen, bedarf es, insbesondere bei jüngeren Jugendlichen, manchmal der Mithilfe eines psychologischen Sachverständigen. Falls die Richter zu der Auffassung kommen, dass der Jugendliche strafrechtlich noch nicht verantwortlich ist, müssen sie ihn freisprechen oder das Verfahren einstellen. Es können jedoch in diesem Falle Maßnahmen angeordnet werden, die normalerweise der Familienrichter trifft, z. B. Hilfen zur Erziehung nach den Vorschriften des Sozialgesetzbuchs (SGB), achtes Buch – hierzu gehören Erziehungsberatung, Bestellung eines Erziehungsbeistandes oder Betreuungshelfers, soziale Gruppenarbeit, Erziehung in einer Tagesgruppe, sozialpädagogische Einzelbetreuung, im Extremfall aber auch die Heimeinweisung.

Bei Heranwachsenden sind die Maßnahmen des Jugendstrafrechts anzuwenden, wenn der Heranwachsende zur Tatzeit in seiner sittlichen und geistigen Entwicklung noch einem Jugendlichen gleichstand oder es sich bei der Tat um eine typische Jugendverfehlung handelte (§ 105 JGG). Liegen diese Voraussetzungen nicht vor, muss der Heranwachsende nach den Vorschriften des Erwachsenenstrafrechts verurteilt werden. In der Praxis neigen die Jugendrichter in Übereinstimmung mit der höchstrichterlichen Rechtsprechung allerdings dazu, in Zweifelsfällen eher Jugendstrafrecht als Erwachsenenstrafrecht bei Heranwachsenden anzuwenden; dies nicht ohne Grund, denn das materielle Jugendstrafrecht gibt dem Jugendrichter viel mehr erzieherische Eingriffsmöglichkeiten als die vergleichsweise groben Strafarten des Erwachsenenstrafrechts bieten.

5.2   Die sogenannten Erziehungsmaßregeln (§§ 9–12 JGG)

Die Erziehungsmaßregeln stellen dem Gesetz nach die mildeste Form der richterlichen Reaktion auf die Straftat eines Jugendlichen dar. Hierzu gehören:

5.2.1 Die Erteilung von Weisungen (§ 10 JGG)

Weisungen sind Gebote und Verbote, die sich auf die Lebensführung des Jugendlichen beziehen und seiner Erziehung dienen sollen. Es dürfen natürlich keine unzumutbaren Forderungen an ihn gestellt werden. Das Gesetz nennt als Beispiel:

- Weisungen, die sich auf den Aufenthaltsort beziehen,
- bei einer Familie oder in einem Heim (z. B. Lehrlingsheim) zu wohnen,
- eine Ausbildungs- oder Arbeitsstelle anzunehmen,
- Arbeitsleistungen zu erbringen (z. B. Hilfsdienst im Altersheim oder Tierasyl),
- den Verkehr mit bestimmten Personen oder den Besuch von Gaststätten oder Vergnügungsstätten zu unterlassen,
- bei einer Verletzung von Verkehrsvorschriften an einem Verkehrsunterricht teilzunehmen.

In jüngster Zeit haben sich folgende weitere in § 10 aufgeführte Weisungen als recht erfolgreich erwiesen:

5.2.1.1 Unterstellung unter einen Betreuungshelfer

Dem Jugendlichen wird für die Dauer von normalerweise sechs bis zwölf Monaten ein Betreuer an die Seite gestellt, der sich in der Regel ein- bis zweimal wöchentlich mit dem Jugendlichen trifft und ihm beratend bei der Bewältigung seiner beruflichen oder persönlichen Probleme helfen soll. Der Betreuungshelfer entstammt meist einem gemeinnützigen Verein, der sich der Jugendhilfe verschrieben hat. Derartigen Helfern sollte gegenüber Vertretern der Jugendgerichtshilfe, die theoretisch auch als Betreuungshelfer benannt werden könnten, der Vorzug gegeben werden, da erstere in aller Regel ein besseres Vertrauensverhältnis zu den Probanden aufbauen können als die offiziellen Vertreter des Jugendamtes.

5.2.1.2 Teilnahme an einem sozialen Trainingskurs

Soziale Trainingskurse sind Ende der 70er Jahre, federführend anhand eines von 1979–1984 laufenden Modellversuchs zur ambulanten Betreuung von jugendlichen Straftätern in Uelzen (Niedersachsen), entwickelt worden. Es wurden Modelle einer jugendgerechten Gruppenbetreuung entwickelt, die in erster Linie die Verhängung von Jugendarrest, aber auch von Jugendstrafe, entbehrlich machen sollten. Im Uelzener Modellversuch trafen sich die jugendlichen Delinquenten wöchentlich mit sozialpädagogischen Betreuern und kamen anhand gemeinsamer Aktivitäten (Motorrad-Trials, Basteln an Mopeds etc.) miteinander ins Gespräch. Dadurch ergaben sich dann auch Diskussionen über die allgemeinen und besonderen Probleme der Gruppenmitglieder. Es wurde gemeinsam nach Lösungen für konfliktvermeidende Verhaltensformen gesucht. Die Zahl der Verurteilungen zu Jugendarrest ging von 96 im Jahre 1978 auf nur noch 12 im Jahre 1983 zurück. Gleichzeitig sank auch die Zahl der Tatverdächtigen in diesem Zeitraum im Vergleich zu den Zahlen im sonstigen Bundesgebiet in signifikanter Weise. Inzwischen werden bundesweit von den verschiedensten Vereinen soziale Trainingskurse in ausreichender Zahl angeboten. Dies geschieht in Wochenendkursen (ein oder mehrere Wochenenden), Blockkursen (meist erlebnisorientiert, z. B. Segeltörns, Gebirgswanderungen, Überlebenstraining, über mehrere Tage oder Wochen), Dauerkursen (meist über sechs Monate einmal wöchentlich) oder auch kombinierten Kursen (z. B. in Verbindung mit anderen Sanktionen wie Arbeitsauflagen, Arrest oder Jugendstrafe). Die inhaltliche Ausgestaltung dieser Trainingskurse bewegt sich je nach Kursus zwischen in erster Linie erlebnisorientierten Aktionen bis hin zu reinen Gesprächsgruppen. In jedem Falle soll sozialadäquates Verhalten trainiert oder zumindest thematisiert werden.

5.2.1.3 Täter-Opfer-Ausgleich

Neben der schon immer gegebenen Auflage zur Schadenswiedergutmachung in § 15 Abs. 1 Satz 1 JGG ist seit 1990 die Weisung, sich zu bemühen, einen Ausgleich mit dem Verletzten zu erreichen, in den Katalog des § 10 JGG aufgenommen worden. Neben einem materiellen Schadensausgleich erfasst der „Täter-Opfer-Ausgleich" gerade den immateriellen Ausgleich, d. h. die Entschuldigung und möglichst auch Versöhnung mit dem Opfer der Straftat. Die Weisung stellt allerdings vornehmlich auf das Bemühen des Täters ab, ein Erfolg im Sinne eines abschließenden Ausgleiches wird somit nicht unbedingt verlangt. Der Versuch, Täter und Opfer zum Zwecke der Versöhnung zusammenzuführen, kann durch die Jugendgerichtshilfe vermittelt werden. In letzter Zeit haben sich aber nicht wenige gemeinnützige Vereine auf die Einleitung und Durchführung des Täter-Opfer-Ausgleichs spezialisiert.

Nach § 10 Abs. 2 JGG kann dem Jugendlichen mit Zustimmung des Erziehungsberechtigten und des gesetzlichen Vertreters auch auferlegt werden, sich einer heilerzieherischen Behandlung durch einen Sachverständigen oder einer Entziehungskur (z. B. bei Drogenmissbrauch) zu unterziehen.

5.2.2 Erziehungsbeistandschaft und Betreutes Wohnen (§ 12 JGG)

Zu den Erziehungsmaßregeln gehören ferner die Anordnung der sogenannten Erziehungsbeistandschaft (Mitwirkung eines vom Jugendamt bestellten Erziehungsbeistandes als Berater in Erziehungsfragen) und das sogenannte Betreute Wohnen. Bei Heranwachsenden ist als Folge des Herabsetzens des Volljährigkeitsalters auf 18 Jahre die Anordnung der Erziehungsbeistandschaft allerdings nicht mehr möglich. Die Weisung an den Jugendlichen (bzw. auch Heranwachsenden), sich für die Dauer einer bestimmten 2teit (meist 6–12 Monate) in eine sozialpädagogisch betreute Wohngemeinschaft zu begeben, hat in den letzten Jahren immer mehr an Bedeutung gewonnen. Es gab zwar schon in den 50er Jahren sogenannte „Bewährungshäuser", in denen zu Bewährungsstrafe verurteilte bzw. zur Bewährung aus der Strafhaft entlassene junge Leute wohnten und von Sozialarbeitern betreut wurden. In letzter Zeit haben sich aber die Angebote für Klienten, bei denen eine Jugendstrafe noch nicht in Betracht kommt, fast überall vermehrt. Im „Betreuten Wohnen" soll der Jugendliche/Heranwachsende in einer Wohngemeinschaft zusammen mit meist 5–8 anderen Probanden unter Kontrolle – die allerdings in der Regel nicht rund um die Uhr gewährleistet ist – von Sozialpädagogen langsam an ein eigenverantwortliches Leben nach Ablösung vom Elternhaus herangeführt werden. Plätze im Betreuten Wohnen werden inzwischen fast flächendeckend von den verschiedensten gemeinnützigen Vereinen angeboten.

5.3   Die sogenannten Zuchtmittel (§§ 13–16 JGG)

Auf Zuchtmittel soll erkannt werden, wenn das Gericht Jugendstrafe zwar noch nicht für erforderlich hält, dem Jugendlichen aber eindringlich zum Bewusstsein bringen will, dass er für das von ihm begangene Unrecht einzustehen hat. Zuchtmittel haben ebenso wie die Erziehungsmaßregeln nicht die Rechtswirkungen einer Strafe, d. h. der Verurteilte gilt nicht als „vorbestraft", sie erscheinen nicht im polizeilichen Führungszeugnis.

Zu den Zuchtmitteln gehören:

a. Die richterliche Verwarnung (§ 14 JGG)
b. Der Jugendarrest (§ 16 JGG)
c. Die Erteilung von Auflagen (§ 15 JGG)

Als Auflagen zählt das Gesetz abschließend auf:

- Schadenswiedergutmachung,
- persönliche Entschuldigung beim Verletzten,
- Erbringung von Arbeitsleistungen,

- Zahlung einer Geldbuße an eine gemeinnützige Einrichtung.

Andere Auflagen können als Zuchtmittel nicht ausgesprochen werden, sondern müssten in Form von Weisungen als Erziehungsmaßregeln nach § 10 JGG erteilt werden.

5.3.1 Jugendarrest (§ 16 JGG)

„Der Jugendarrest ist Freizeitarrest, Kurzarrest oder Dauerarrest. Der Freizeitarrest wird für die wöchentliche Freizeit des Jugendlichen verhängt und auf mindestens eine Freizeit und höchstens zwei Freizeiten bemessen.

Der Kurzarrest wird statt des Freizeitarrestes verhängt, wenn der zusammenhängende Vollzug aus Gründen der Erziehung zweckmäßig erscheint und weder die Ausbildung noch die Arbeit des Jugendlichen beeinträchtigt werden. Dabei stehen zwei Tage Kurzarrest einer Freizeit gleich. Die Gesamtdauer des Kurzarrestes darf aber nicht vier Tage überschreiten. Der Dauerarrest beträgt mindestens eine Woche und höchstens vier Wochen. Er wird nach vollen Tagen oder Wochen bemessen" (§ 16 JGG).

Die Jugendarrestanstalten sind räumlich und organisatorisch selbständig, sodass die Jugendlichen nicht mit Strafgefangenen zusammenkommen. Ziel des Arrestes ist es, den Jugendlichen durch eine kurze Freiheitsentziehung „aufzurütteln" und während des Vollzuges erzieherisch auf ihn einzuwirken. Die Dauer des Arrestes soll so bemessen werden, dass sie sich nicht negativ auf sein Ausbildungs- oder Arbeitsverhältnis auswirkt (z. B. Verbüßung während des Urlaubs).

Nach umfangreichen Untersuchungen von Möller (1972) und Eisenhardt (1974) über die Effektivität des Jugendarrestes ist dieser von der Wissenschaft und der jugendrichterlichen Praxis immer mehr in Frage gestellt worden. Während 1960 der Anteil der zu Jugendarrest verurteilten Täter noch bei 34,5 % aller verurteilten Jugendlichen lag, ist dieser Anteil bis zum Jahre 1994 auf 17,5 % gesunken, wobei es sich bei diesen sogar zur Hälfte um Freizeit- bzw. Kurzarrest von maximal 4 Tagen Dauer handelte. Das lag nicht zuletzt an der sich immer mehr durchsetzenden Erkenntnis der Jugendrichter, dass der vom Gesetzgeber beabsichtigte Abschreckungseffekt durch den Arrestvollzug nicht eintrat und modernere, den Jugendlichen mehr nützende Hilfsangebote wie soziale Trainingskurse, Betreutes Wohnen und Betreuungsweisungen Eingang in die jugendrichterliche Praxis gefunden haben.

Die Jugendarrestanstalten werden heutzutage überwiegend von Jugendlichen bzw. Heranwachsenden bevölkert, die gegen richterliche Weisungen oder Auflagen verstoßen haben, und bei denen der Jugendrichter dann gem. § 11 Abs. 3 JGG einen sogenannten „Beugearrest" oder „Ungehorsamsarrest" angeordnet hat, um die Erfüllung der Weisung oder Auflage zu erzwingen.

Seit dem 7. März 2013 kann gemäß § 16a JGG neben einer zur Bewährung ausgesetzten oder gemäß § 61 JGG vorbehaltenen Jugendstrafe auch Jugendarrest (sog. **„Warnschussarrest"**) verhängt werden, wenn

1. dies unter Berücksichtigung der Belehrung über die Bedeutung der Bewährung und unter Berücksichtigung der Möglichkeit von Weisungen und Auflagen geboten ist, um dem Jugendlichen seine Verantwortlichkeit für das begangene Unrecht und die Folgen weiterer Straftaten zu verdeutlichen,
2. dies geboten ist, um den Jugendlichen zunächst für eine begrenzte Zeit aus einem Lebensumfeld mit schädlichen Einflüssen herauszunehmen und durch die Behandlung im Vollzug des Jugendarrestes auf die Bewährungszeit vorzubereiten, oder
3. dies geboten ist, um im Vollzug des Jugendarrests eine nachdrücklichere erzieherische Einwirkung auf den Jugendlichen zu erreichen oder um dadurch bessere Erfolgsaussichten für eine erzieherische Einwirkung in der Bewährungszeit zu schaffen.

Ob die vom Gesetzgeber erwartete Effektivität eines solchen Warnschussarrestes zur Einleitung einer Bewährungsstrafe eintreten wird, ist zweifelhaft. Renommierte Jugendrechts-Experten sowie die Deutsche Vereinigung für Jugendgerichte und Jugendgerichtshilfe (DVJJ) sehen in ihm keinen erzieherischen Sinn. Dies in erster Linie deshalb, weil die Haftbedingungen und das erzieherische Klima im Arrestvollzug sich gravierend vom Haftalltag in einer Jugendstrafanstalt unterscheidet – dem Arrestanten wird gerade **nicht** die Situation in der Strafanstalt vor Augen geführt, sondern das sehr viel weniger einschneidende, pädagogisch ausgerichtete Klima einer Jugendarrestanstalt. Er wird deshalb seine etwa noch vorhandene Angst vor dem Jugendstrafvollzug eher verlieren als abgeschreckt zu werden. Außerdem haben die meisten Jugendlichen, die zu Jugendstrafe verurteilt werden, in vorausgegangenen Fällen schon den Jugendarrest kennengelernt. Es macht deshalb wenig Sinn, den Beginn einer Bewährungsaufsicht mit einem Einschluss zu beginnen.

Soziale Trainingskurse oder aber sozialpädagogische Einzelbetreuung sind deshalb viel besser zur Einleitung einer Bewährung geeignet als das Einsperren in einer Arrestanstalt.

Gleichwohl werden sicherlich einige „Hardliner", die noch immer auf die Wirksamkeit der Theorie vom „short-sharp-shock", die sich schon seit langem als kriminologisch wenig wirksam erwiesen hat, vertrauen, von dieser Möglichkeit eines „Warnschussarrestes" Gebrauch machen.

Die Schöffen sollten sich allerdings überlegen, ob sie das mitmachen wollen.

5.4   Die Jugendstrafe (§§ 17–19 JGG)

Die Jugendstrafe ist der schwerste richterliche Eingriff in das Leben Jugendlicher und Heranwachsender. Sie wird gem. § 17 JGG verhängt, „wenn wegen der schädlichen Neigungen des Jugendlichen, die in der Tat hervorgetreten sind, Erziehungsmaßregeln oder Zuchtmittel zur Erziehung nicht ausreichen oder wenn wegen der **Schwere** der Schuld Strafe erforderlich ist".

Nach der Rechtsprechung des Bundesgerichtshofs sind „schädliche Neigungen" erhebliche Anlage- oder Erziehungsmängel, die ohne längere Gesamterziehung des Täters in einer Jugendstrafanstalt die Gefahr von Störungen der Gemeinschaftsordnung durch weitere erhebliche Straftaten begründen; der Täter muss sich daran gewöhnt haben (Neigung), aus einer in seiner Persönlichkeit wurzelnden falschen Trieb- oder Willensrichtung zu handeln; Gelegenheits- und Konfliktkriminalität führt also nicht zur Jugendstrafe, ebenso wenig wie kleinere Verfehlungen ohne echten kriminellen Gehalt. Die schädlichen Neigungen müssen nach BGH-Rechtsprechung in der Tat hervorgetreten, d. h. die Tat muss Ausfluss dieser Neigungen sein (wie das im konkreten Fall festgestellt werden soll, lässt der BGH allerdings offen). Die schädlichen Neigungen müssen sowohl bei Tatbegehung als auch im Zeitpunkt des Urteils vorliegen. Ferner ist die Strafe nur zulässig, wenn es andere erzieherische Möglichkeiten, die Neigung zu Straftaten zu beeinflussen, nicht gibt. Das bedeutet, dass vor der Verhängung einer Jugendstrafe eigentlich immer erst die zurzeit möglichen ambulanten Betreuungsangebote – Soziale Trainingskurse, Betreutes Wohnen oder Einzelbetreuung – ausgereizt werden müssten.

Weiterhin kann eine Jugendstrafe auch verhängt werden, wenn die sog. „schädlichen Neigungen" zwar noch nicht festgestellt werden können, die Schuld des Täters aber so schwer wiegt, dass wegen dieser „Schwere der Schuld" Jugendstrafe erforderlich erscheint. Der Täter muss sich dabei so sehr ins Unrecht gesetzt haben, dass ein Ausgleich durch eine Freiheitsstrafe möglich erscheint. Hierbei ist vor allem die Intensität und Motivation des Rechtsgutangriffs entscheidend, z. B. bei erheblichen Raubstraftaten, schweren Körperverletzungshandlungen, schweren Sexualdelikten, Drogenhandel.

Welche Auswüchse unter den Gefangenen in einer überbelegten Jugendstrafanstalt entstehen können, zeigt folgender im Jahre 1993 von einem 18jährigen Gefangenen aus der Jugendstrafanstalt Neustrelitz an seine Bewährungshelferin geschriebener Brief:

Werte Frau…,

Sie haben ja überhaupt keine Ahnung, was hier abgeht, richtig? Wissen Sie, so was nennt man hier Spiele. Spiele, wenn man aus drei Meter Höhe runtergeschmissen wird und mit dem Rücken krachend auf einem Knie landet. Wenn man über die ganze Piste auf hartem Stein, oder über die ganzen Küchenmöbel fliegt Dieses Spiel heißt Fliegen. Ein anderes Spiel nennt sich Toasten. Die Hand wird in einen knallheißen Backofen gesteckt. Man wird als Aschenbecher benutzt, Kippen werden am Körper ausgedrückt. Das nächste nennt sich Catchen. Aber Catchen-Original. Haben Sie sich schon mal eine Catch-Sendung angesehen im TV? Diese Leute gucken das hier viel zu viel. Zumal es im Fernsehen meistens Show ist. Aber das hier ....Daß hier noch keiner gestorben ist, ist ein Wunder.

Wobei das nicht ein bisschen übertrieben ist, ich meine, daß es noch keinen Todesfall gegeben hat Erst heute habe ich auf der Arbeit mit einem gesprochen. Gestern hätten sie ihm fast das Genick gebrochen. Sie haben seinen Kopf zwischen die Beine genommen und sich einfach fallenlassen. Er sagt, das hat richtig geknackt. Er hat gedacht, jetzt ist es vorbei. Der hat echt schon mit dem Leben abgeschlossen. Am Körper sieht er aus, als wenn er einen Auffahrunfall auf der Autobahn mit dem Motorrad hatte. Ich glaube, Knochenbrüche sehen diese Menschen, wobei sie nur noch Kreaturen sind, da sie keinen Stolz mehr haben, sehen sie als normal an. Ihr Stolz wurde mit Gewalt gebrochen. Mit der eigenen Zahnbürste müssen sie die Piste und Buden von den anderen saubermachen. Nach Kippen auf der Piste im Aschenbecher oder sonst wo suchen, da ihr Einkauf eingezogen ist. ... Jeder hier weiß, was los ist. Auch die Ärzte, Bullen, Abteilungsleiter, weiß der Fuchs, wer noch alles. Alle wissen es, aber keiner tut etwas dagegen. Sogar die Bullen haben Schass. Ich hatte bisher mehr oder weniger Glück. Ich lasse mich nicht zur Fotze machen. Dafür habe ich ja auch damals Arschvoll gekriegt. Aber damit nicht genug. Zwei davon sitzen wegen Totschlags. Die schieße ich zwar nicht gerade um, aber alle, nicht nur die, fühlen sich nur in der Gruppe stark. Sie wissen ganz genau, daß sie diesen unfairen Kampf gewinnen. Einige von uns würden die meisten hier umschießen. Aber dann kommt es wieder, sie haben welche hinter sich stehen. Und schon haben wir wieder verloren. Es ist nicht nur ein Kraftausgleich, wie Sie mal sagten, oder ist der andere stärker, weil er mich mit sieben Mann fertiggemacht hat?

Anmerkung

Auswüchse, wie sie im Brief des Gefangenen geschildert werden, können in jeder Strafanstalt vorkommen. Zur Ehrenrettung gerade der Jugendanstalt Neustrelitz kann aus eigener Sachkenntnis bezeugt werden, dass sich dort in den letzten Jahren unter neuen, engagierten Anstaltsleitern die Bedingungen für einen sachgerechten Jugendvollzug ganz entscheidend verbessert haben. Es besteht dort zurzeit ein fast optimales Ausbildungsprogramm. Auch das Sport- und Freizeitangebot ist zufriedenstellend. Betreuungshelfer und Gruppen von außen halten fortlaufend Kontakt zu den Gefangenen. Die Entlassungsvorbereitung gewährleistet zurzeit, dass kein Gefangener ohne Wohnung und Arbeit aus der Anstalt entlassen wird.

Das Mindestmaß der Jugendstrafe beträgt sechs Monate, das Höchstmaß fünf Jahre, bei Kapitalverbrechen wie Mord zehn Jahre – bei Heranwachsenden, die nach Jugendstrafrecht verurteilt werden, im Falle eines Mordes sogar 15 Jahre (§

105 Abs. 3 Satz 2 JGG). Das Mindestmaß ist auf sechs Monate festgelegt worden, weil der Gesetzgeber davon ausgeht, dass unter dieser Mindestzeit keine wirksame erzieherische Einflussnahme auf den jugendlichen Strafgefangenen möglich sei. Im Gegensatz dazu kann bei Erwachsenen die Freiheitsstrafe im Mindestmaß auf einen Monat beschränkt werden – hier gilt für den Strafvollzug aber auch nicht der Erziehungsgedanke, obwohl auch im Erwachsenenvollzug die Resozialisierung des Täters angestrebt werden soll.

Interessant ist in diesem Zusammenhang auch, dass Jugendrichter offenbar dazu neigen, Jugendliche für die gleiche Straftat im Verhältnis zu Erwachsenen härter zu bestrafen. Dies ergibt jedenfalls eine Untersuchung von Prof. Christian Pfeiffer vom Kriminologischen Forschungsinstitut Niedersachsen aus dem Jahre 1991. Pfeiffers Feststellungen zufolge ist den Richtern selbst kaum bewusst, dass Jugendliche meist härter bestraft werden als Erwachsene. Bei Umfragen, die er bei Jugendrichtern wie auch bei Jugendstaatsanwälten vornahm, äußerte die große Mehrheit die Meinung, Jugendliche würden milder bestraft. Pfeiffer weist jedoch anhand der Statistik nach, dass beispielsweise von den Angeklagten, die schon einmal verurteilt waren, bei den 14–20jährigen mehr als viermal so viele (nämlich 29 %) zu Freiheitsentzug verurteilt wurden als bei den Älteren (6,8 %). Die durchschnittliche Dauer einer nicht zur Bewährung ausgesetzten Jugendstrafe wegen Diebstahls betrug in Fällen, in denen noch keine oder eine Verurteilung vorausgegangen war, rund ein Jahr, während Erwachsene in vergleichbaren Fällen mit einem halben Jahr Freiheitsstrafe davon kamen

5.5   Strafaussetzung zur Bewährung (§§ 21–26a JGG)

Eine Jugendstrafe bis zu zwei Jahren Dauer kann unter den gleichen Voraussetzungen wie eine Freiheitsstrafe bei Erwachsenen zur Bewährung ausgesetzt werden. Die Bewährungszeit liegt zwischen zwei und drei Jahren. Sie kann jedoch nachträglich bis auf ein Jahr verkürzt oder bis auf vier Jahre verlängert werden. Im Rahmen des Bewährungsplans können dem Jugendlichen Weisungen und Auflagen erteilt werden. Es wird immer ein hauptamtlicher oder ehrenamtlicher Bewährungshelfer bestellt. Leider gilt auch hier, was bereits oben zur Situation der Bewährungshelfer gesagt worden ist; sie sind regelmäßig zu überlastet, um ihrer Aufgabe in jedem Falle gerecht werden zu können.

5.6 Aussetzung der Verhängung einer Jugendstrafe (§§ 27–30 JGG)

In Grenzfällen, bei denen „schädliche Neigungen", die eine Jugendstrafe erfordern, nicht mit der erforderlichen Sicherheit festgestellt werden können und andererseits Erziehungsmaßregeln oder Zuchtmittel nicht als ausreichend erscheinen, kann das Gericht sich darauf beschränken, lediglich die Schuld (Straftat) des Jugendlichen festzustellen und die Entscheidung über die Verhängung einer Jugendstrafe für ein bis zwei Jahre zur Bewährung auszusetzen. Der Jugendliche wird also wie bei einer ausgesetzten bestimmten Jugendstrafe unter Bewährungsaufsicht gestellt. Bewährt er sich in der Folgezeit, wird nach Ablauf der Bewährungszeit der Schuldspruch getilgt, bewährt er sich nicht, findet eine neue Hauptverhandlung statt, in der in aller Regel dann eine Jugendstrafe ohne Bewährung festgesetzt wird.

5.7 Vorläufige Zurückstellung der Vollstreckung einer Jugendstrafe – Vorbewährung

Jugendstrafen, die ohne Strafaussetzung zur Bewährung ausgesprochen worden sind, sollen unverzüglich vollstreckt werden. Es gibt jedoch Grenzfälle, in denen die Aussicht besteht, dass sich die Situation für den zu Jugendstrafe Verurteilten kurzfristig vor dem Strafantritt soweit verbessert, dass die Jugendstrafe noch nachträglich zur Bewährung ausgesetzt werden kann. Diese Möglichkeit eröffnet § 57 JGG. Manche Richter geben dieser sogenannten „Vorbewährung" sogar regelmäßig den Vorzug vor einer normalen Strafaussetzung nach § 21 JGG. In der Praxis geschieht die Vorbewährung wie folgt: Im Urteil wird zunächst eine Jugendstrafe ohne Strafaussetzung zur Bewährung ausgesprochen. In einem gleichzeitig verkündeten Beschluss wird die Vollstreckung der soeben ausgesprochenen Jugendstrafe für die Dauer von in der Regel drei bis sechs Monaten vorläufig zurückgestellt und dem Jugendlichen werden Weisungen für seine künftige Lebensführung erteilt, wozu auch die Unterstellung unter einen Betreuungs- oder Bewährungshelfer regelmäßig gehört. Er hat dann Gelegenheit, durch gute Führung innerhalb dieser sogenannten Vorbewährungszeit zu beweisen, dass sich bei ihm eine nachfolgende Strafaussetzung zur Bewährung gem. § 57 JGG lohnt. Er trägt also selbst dazu bei, die Bedingungen für eine dem Urteil nachfolgende Strafaussetzung zur Bewährung zu schaffen. War er erfolgreich, wird mit richterlichem Beschluss die Strafe tatsächlich noch zur Bewährung ausgesetzt. Für den Fall, dass der Jugendliche sich nicht an die Weisungen hält oder neue Straftaten begeht, wird allerdings die sofortige Vollstreckung der Jugendstrafe angeordnet.

§ 61 Abs. 1 JGG lautet:

> „Das Gericht kann im Urteil die Entscheidung über die Aussetzung der Jugendstrafe zur Bewährung ausdrücklich einem nachträglichen Beschluss vorbehalten, wenn
>
> 1. nach Erschöpfung der Ermittlungsmöglichkeiten die getroffenen Feststellungen noch nicht die in § 21 Abs. 1 Satz 1 vorausgesetzte Erwartung begründen können und
> 2. auf Grund von Ansätzen in der Lebensführung des Jugendlichen oder sonstiger bestimmter Umstände die Aussicht besteht, dass eine solche Erwartung in absehbarer Zeit begründet sein wird".

Der Beschluss für die vorbehaltene Entscheidung über die nachträgliche Bewährung soll gemäß § 61a JGG spätestens 6 Monate nach Rechtskraft des Urteils erfolgen. An dem Beschluss wirken die Schöffen nicht mehr mit.

Vielfach wird diese Vorbewährung am Anfang mit der Verhängung eines sog. „Warnschussarrestes" nach § 16a JGG gekoppelt (s. dazu oben unter 5.3.1, S. 99).

5.8   Verfahrensabschluss ohne Bestrafung – Diversion

Nach neueren kriminologischen Forschungen ist das Dunkelfeld der Jugendkriminalität im Bereich der Bagatelldelikte bis hin zu den mittelschweren Delikten um ein Mehrfaches größer als die Zahl der polizeilich bekannt gewordenen Straftaten von Jugendlichen bzw. Heranwachsenden. Man kann davon ausgehen, dass nahezu jeder Jugendliche zumindest ein geringfügiges Delikt begangen hat. Je leichter das Delikt ist, desto größer ist das Dunkelfeld der nicht entdeckten Taten. Hieraus folgt, dass Jugendkriminalität häufig ein entwicklungsbedingtes, daher eher episodenhaftes und vorübergehendes Verhalten darstellt. Die meisten Straftaten innerhalb der Familie, in der Schule, am Arbeitsplatz und bei Sportveranstaltungen werden den Behörden überhaupt nicht bekannt. Der überwiegende Teil der Jugendkriminalität wird also noch völlig informell erledigt. Die Mehrheit der Jugendlichen, die Straftaten begehen, hört damit im Verlaufe des Erwachsenwerdens auf oder reduziert ihr strafbares Verhalten auf nur noch wenige Bagatellverstöße, und zwar unabhängig davon, ob frühere Straftaten geahndet worden sind oder nicht. Die kriminologische Forschung spricht insoweit von „Ubiquität" und „Normalität" der Bagatellkriminalität.

Diese Erkenntnisse haben sich inzwischen bundesweit durchgesetzt. Es gibt inzwischen in allen Bundesländern Richtlinien bzw. Erlasse zur sogenannten

Diversion im Rahmen der Bagatellkriminalität. Diversion beinhaltet also die gesellschaftliche Bewältigung der Kriminalität, insbesondere Jugendkriminalität, außerhalb justizieller Instanzen. Kriminalitätsfälle werden sozusagen umgelenkt von förmlichen Strafverfahren hin zu mehr informeller Sozialkontrolle (sogenannte intervenierende Diversion) oder aber sie werden völlig aus den Instanzen sozialer Kontrolle ausgegliedert durch Verzicht auf jegliche Reaktion (sogenannte Nichtintervention = einfache Diversion).

Innerhalb des Strafprozesses hat die Aufnahme dieses Diversionsgedankens im Rahmen der Verfahrenseinstellungsmöglichkeiten ein breites Einzugsfeld:

5.8.1 Folgenlose Verfahrenseinstellung nach § 45 Abs. 1 JGG

Der Staatsanwalt kann ein Ermittlungsverfahren gegen einen Jugendlichen oder Heranwachsenden unter Verzicht auf jegliche Sanktion einstellen, wenn die Schuld des Täters als gering einzustufen ist und ein öffentliches Interesse an der Strafverfolgung nicht besteht. Das dürfte bei jugendlichen Erst- und Bagatelltätern häufig der Fall sein, z. B. bei Ladendiebstählen, wenn die gestohlene Sache weniger als 50 € wert ist, bei „Schwarzfahren" in öffentlichen Verkehrsmitteln, wenn das erhöhte Fahrgeld gezahlt wurde, oder bei Körperverletzungen ohne ernsthafte Folgen. In solchen Fällen reicht regelmäßig das Tätigwerden der Polizei, um den Straftäter zu beeindrucken. Man spricht dann von einer „prozessualen Sanktion". Der Verzicht auf eine formelle Sanktion findet seine inhaltliche Rechtfertigung in der kriminologischen Erkenntnis, dass bestimmte jugendtypische Straffälligkeiten nur episodenhafter Natur sind und in aller Regel von selbst aufhören.

5.8.2 Die qualifizierte Verfahrenseinstellung gem. § 45 Abs. 2 JGG

Gemäß § 45 Abs. 2 kann der Staatsanwalt von einer weiteren Verfolgung absehen, wenn eine erzieherische Maßnahme bereits durchgeführt oder eingeleitet ist und er eine Beteiligung des Jugendrichters an dem weiteren Verfahren nicht für erforderlich hält. Die erzieherische Maßnahme kann darin bestehen, dass ein Jugendsachbearbeiter der Polizei (in Form von Ermahnungen und Belehrungen während des Ermittlungsverfahrens), ein Vertreter der Jugendgerichtshilfe oder des Jugendamtes oder aber der Jugendstaatsanwalt selbst ein erzieherisches Gespräch mit dem Beschuldigten führt und daraus den Eindruck gewonnen hat, dass der Jugendliche einsichtig ist und solch eine Tat nicht wiederholen wird. Auch Personen aus dem sozialen Umfeld, wie Lehrer, Lehrherren, Eltern oder ein Erziehungsbeistand können bereits erzieherische Maßnahmen im Hinblick auf die Straftat des Jugendlichen vorgenommen haben, sodass eine weitere staatliche Sanktionierung nicht mehr erforderlich erscheint. Ferner steht nach § 45 Abs. 2 Satz 2 JGG einer erzieherischen Maßnahme das Bemühen des Jugendlichen gleich, einen Ausgleich mit dem Verletzten zu erreichen.

5.8.3 Verfahrenseinstellung gem. § 45 Abs. 3 JGG nach Einschaltung des Jugendrichters

Für den Fall, dass der Jugendstaatsanwalt eine etwas nachhaltigere Einwirkung auf den Jugendlichen von Seiten des Jugendrichters für erforderlich hält, er aber dennoch keine förmliche Anklage erheben möchte, hat er die Möglichkeit, den Jugendrichter zu veranlassen, den Angeklagten zu einem Gespräch vorzuladen, damit ihm eine Ermahnung und gegebenenfalls Weisungen in Form von Erbringung von Arbeitsleistungen, Herbeiführung eines Täter-Opfer-Ausgleichs oder aber der Teilnahme an einem Verkehrsunterricht erteilt werden können. Außerdem können ihm Auflagen in Form einer Schadenswiedergutmachung, persönlicher Entschuldigung bei dem Verletzten sowie Zahlung einer Geldbuße an einen gemeinnützigen Verein gemacht werden. Kommt der Jugendliche bzw. Heranwachsende diesen Weisungen oder Auflagen nach, stellt der Jugendstaatsanwalt das Verfahren sodann ein.

5.8.4 Einstellung nach § 47 JGG durch den Jugendrichter

Falls die Staatsanwaltschaft bereits Anklage bei dem Jugendgericht erhoben haben sollte, kann auch der Jugendrichter, wenn die Voraussetzungen wie oben zu a) und b) dargestellt vorliegen, das Verfahren ohne weitere Sanktionen einstellen, wozu allerdings der Staatsanwalt seine Zustimmung geben muss. Ebenso kann das Jugendgericht – auch nach Durchführung der Hauptverhandlung, jedoch vor einem Urteil – das Verfahren vorläufig einstellen und dem geständigen Jugendlichen Weisungen oder Auflagen erteilen. Nach erfolgreicher Erfüllung dieser Weisungen bzw. Auflagen stellt der Jugendrichter sodann das Verfahren mit Zustimmung der Staatsanwaltschaft endgültig ein. Dies geschieht durch Beschluss ohne Mitwirkung der Schöffen.

Eine Einstellung durch das Gericht kann gem. § 47 Abs. 1 Ziff.4 JGG auch dann vorgenommen werden, wenn der Angeklagte mangels Reife strafrechtlich nicht verantwortlich erscheint – die Einstellung kann dann allerdings nicht an die vorherige Erfüllung von Weisungen oder Auflagen geknüpft werden (dahinter steht der Gedanke, dass es pädagogisch sinnvoller ist, das Verfahren ohne weiteres Aufheben einzustellen, als einem Jugendlichen seine strafrechtliche Unreife durch ein freisprechendes Urteil zu bescheinigen).

5.8.5 Einstellung des Verfahrens nach § 154 StPO

§ 154 StPO gilt auch für Straftaten Jugendlicher bzw. Heranwachsender. Insoweit gelten die Ausführungen zu 4.5.3.

5.9 Maßregeln der Besserung und Sicherung

Von den zahlreichen in den §§ 61 bis 73 StGB beschriebenen Maßregeln der Besserung und Sicherung können bei Jugendlichen und den ihnen gleichgestellten Heranwachsenden nur die Unterbringung in einem psychiatrischen Krankenhaus oder einer Entziehungsanstalt, die Führungsaufsicht, Entziehung der Fahrerlaubnis, Fahrverbot (§ 44 StGB) sowie die Vermögensabschöpfung angeordnet werden.

Die Neuaufnahme der Vorschriften über die Vermögensabschöpfung (ab 1.7.2017) auch ins Verfahren gegen Jugendliche (14-17-Jahre) erscheint im Hinblick auf den Grundgedanken des Jugendstrafrechts, nämlich die Erziehung bzw. Sozialisation eines Jugendlichen zu fördern, mehr als problematisch – insbesondere auch deshalb, weil eine Adhäsionsklage bei Jugendlichen ausdrücklich nicht zulässig ist (§ 81 JGG). Bei der Einziehung des Wertersatzes für nicht mehr vorhandene oder zerstörte Sachen aus Straftaten tritt nun an die Stelle einer an sich verbotenen Adhäsionsklage plötzlich das noch viel schärfere Geschütz des staatlichen Eintreibens von Schadensersatzansprüchen, somit eigentlich nichts Anderes als eine staatlich betriebene Adhäsionsklage, die jedoch im Hinblick auf das Verbot des § 81 JGG verfassungsrechtlich als äußerst bedenklich erscheinen muss. Obwohl auch für Jugendliche der Grundsatz gelten sollte, dass sich Straftaten nicht lohnen sollen, muss man sich fragen, ob es tatsächlich unerlässlich ist, in jedem Falle neben einer strafrechtlichen Sanktion im Jugendverfahren auch noch die Opferentschädigung von Staats wegen mit zu regulieren, wo es doch ohnehin schon die Auflage einer Schadenswiedergutmachung gem. § 15 JGG gibt. Die Neuregelung kann nämlich zu horrenden finanziellen Verpflichtungen eines jugendlichen Straftäters führen – z. B. er stiehlt einen teuren Luxuswagen und fährt diesen zu Schrott -, die 30 Jahre lang vom Staat eingetrieben werden können. Es wäre daher im Sinne einer vernünftigen Sozialisation des Jugendlichen sinnvoller gewesen, die Geltendmachung von Schadensersatzansprüchen dem Geschädigten im Zivilrechtsverfahren vorzubehalten – zumal wo ja auch eine Privatklage sowie Adhäsionsklage vom Gesetzgeber im Jugendverfahren ausgeklammert worden sind.

Sicherungsverwahrung darf bei Jugendlichen nicht angeordnet, ausnahmsweise aber für das Ende des Strafvollzuges **vorbehalten** werden, wenn der Jugendliche zu einer Jugendstrafe von mindestens 7 Jahren verurteilt wird wegen eines Verbrechens gegen das Leben, die körperliche Unversehrtheit die sexuelle Selbstbestimmung sowie bei Raub mit Todesfolge **und** die Gesamtwürdigung des Jugendlichen und seiner Tat ergibt, dass er mit hoher Wahrscheinlichkeit erneut Straftaten der zuvor erwähnten Art begehen wird.

Bei **Heranwachsenden**, die zu einer Freiheitsstrafe von mindestens 5 Jahren wegen eines Verbrechens gegen das Leben, die körperliche Unversehrtheit, die sexuelle Selbstbestimmung sowie wegen Raubes mit Todesfolge verurteilt werden, kann die Sicherungsverwahrung vorbehalten werden, schon wenn die Wahrscheinlichkeit besteht, dass er nach dem Strafvollzug für die Allgemeinheit auf Grund seines Hanges gefährlich ist.

Dieser Vorbehalt der später eventuell anzuordnenden Sicherungsverwahrung soll für den Verurteilten ein Anreiz sein, im Laufe des Strafvollzugs intensiv am Vollzugsziel – Erlernen eines verantwortungsbewussten Lebens ohne Begehung von Straftaten – mitzuarbeiten. Die Jugendkammern werden von dieser Möglichkeit des Vorbehalts deshalb vielfach vorsorglich Gebrauch machen, um sich nicht später dem Vorwurf auszusetzen, sie hätten die potentiellen Opfer von neuen Straftaten nach der Entlassung des Verurteilten nicht genügend geschützt.

Verfahrenssichernde Maßnahmen im Vorverfahren

6

6.1 Vorläufige Festnahme und Untersuchungshaft

Wird jemand auf frischer Tat betroffen oder verfolgt, so ist, wenn er der Flucht verdächtig ist oder seine Identität nicht sofort festgestellt werden kann, jedermann befugt, ihn auch ohne richterliche Anordnung vorläufig festzunehmen (§ 127 Abs. 1 Satz 1 StPO).

Darüber hinaus können die Beamten der Polizei oder der Staatsanwaltschaft in sonstigen Fällen bei einem Tatverdächtigen jederzeit die zur Feststellung seiner Identität erforderlichen Maßnahmen treffen, ihn insbesondere festhalten, durchsuchen und notfalls zur Feststellung der Identität auf das Polizeirevier mitnehmen (§ 163b Abs. 1 StPO).

Ferner sind nach § 127 Abs. 2 StPO die Beamten des Polizeidienstes sowie der Staatsanwaltschaft zur vorläufigen Festnahme eines Tatverdächtigen befugt, wenn die Voraussetzungen für den Erlass eines Haftbefehls oder Unterbringungsbefehls vorliegen. In diesen Fällen muss der Festgenommene allerdings spätestens im Laufe des nachfolgenden Tages einem Richter vorgeführt werden, der letztlich zu entscheiden hat, ob ein Haftbefehl oder Unterbringungsbefehl gegen den Tatverdächtigen erlassen wird.

Für den Erlass eines Haftbefehls hat der Gesetzgeber in den §§ 112 ff StPO strenge Voraussetzungen aufgestellt. Untersuchungshaft darf nur angeordnet werden, wenn sie absolut erforderlich ist, um den Gang des Ermittlungsverfahrens sicherzustellen oder aber um bei schwerwiegenden Delikten eine Wiederholungsgefahr vor dem rechtskräftigen Abschluss des Verfahrens zu verhindern.

Die Anordnung der Untersuchungshaft setzt neben dem dringenden Verdacht, dass ein Beschuldigter eine Straftat begangen hat, weiterhin einen sogenannten Haftgrund voraus. Die fünf in Betracht kommenden *Haftgründe* sind in der Strafprozessordnung abschließend aufgezählt:

© Springer Fachmedien Wiesbaden GmbH, ein Teil von Springer Nature 2019
A. Lüthke und I. Müller, *Strafjustiz für Nicht-Juristen*,
https://doi.org/10.1007/978-3-658-24227-5_6

6.1.1 Flucht gem. § 112 Abs. 2 Ziffer 1 StPO:

Der Beschuldigte ist geflohen oder verbirgt sich, um sich dauernd oder auf längere Zeit dem Strafverfahren zu entziehen.

6.1.2 Fluchtgefahr gem. § 112 Abs. 2 Ziffer 2 StPO:

Die Flucht des Beschuldigten muss als eine naheliegende konkrete Möglichkeit in Betracht kommen, d. h. es muss mehr Wahrscheinlichkeit für die Erwartung bestehen, der Beschuldigte werde sich dem Verfahren entziehen, als für die Erwartung, er werde sich ihm ohne weiteres stellen.

6.1.3 Verdunkelungsgefahr gem. § 112 Abs. 2 Ziffer 3 StPO:

Es muss die konkrete Gefahr bestehen, dass der Beschuldigte Beweismittel vernichtet, verändert, beiseiteschafft, unterdrückt oder fälscht oder auf Mitbeschuldigte, Zeugen oder Sachverständige in unlauterer Weise einwirkt oder andere zu solchem Verhalten veranlasst.

6.1.4 Haftgrund der Tatschwere gem. § 112 Abs. 3 StPO:

Bei bestimmter Schwerkriminalität (z. B. Mord oder Totschlag) kann unter erleichterten Voraussetzungen – Fluchtgefahr oder Verdunklungsgefahr brauchen lediglich nicht ausgeschlossen zu sein – ein Haftbefehl erlassen werden.

6.1.5 Haftgrund der Wiederholungsgefahr gem. § 112a StPO:

Bei Sittlichkeitsdelikten bzw. wiederholter oder fortgesetzter schwerwiegender Beeinträchtigung der Rechtsordnung durch schweren Landfriedensbruch, Körperverletzungsdelikten, Diebstahl im besonders schweren Fall, Raubdelikten, gemeingefährlichen Verbrechen oder schwerwiegenden Betäubungsmitteldelikten gibt § 112a StPO einen besonderen Haftgrund, sofern die Gefahr besteht, dass der Beschuldigte vor rechtskräftiger Aburteilung weitere erhebliche Straftaten gleicher Art begehen oder die Straftat fortsetzen werde. Bei diesen Delikten – mit Ausnahme der Sittlichkeitsdelikte – muss allerdings eine Freiheitsstrafe von mehr als einem Jahr zu erwarten sein.

Untersuchungshaft darf nach § 112 Abs. 1 Satz 2 StPO nicht angeordnet werden, wenn sie zu der Bedeutung der Sache und der zu erwartenden Strafe oder Maßregel der Besserung und Sicherung außer Verhältnis steht („**Verhältnismäßigkeits-Grundsatz**").

Eine Aufweichung dieses eigentlich sehr strengen Grundsatzes der Verhältnismäßigkeit hat der Bundestag im Oktober 1996 für Fälle des beschleunigten Verfahrens mit dem neuen § 127b StPO beschlossen. Nach dieser Vorschrift kann ein auf frischer Tat betroffener oder verfolgter Tatverdächtiger von der Polizei vorläufig festgenommen werden, wenn eine unverzügliche Verhandlung im beschleunigten Verfahren wahrscheinlich ist und zu befürchten ist, dass der Festgenommene der Hauptverhandlung fernbleiben wird. Der Beschuldigte muss dann spätestens am nächsten Tag dem Richter, der für die Durchführung des beschleunigten Verfahrens zuständig ist, vorgeführt werden. Dieser kann für maximal eine Woche ab dem Tage der Festnahme einen Haftbefehl erlassen und müsste die Hauptverhandlung innerhalb dieser Wochenfrist durchführen, anderenfalls den Beschuldigten wieder freilassen.

Der Gesetzgeber erhofft sich von dieser neuen Vorschrift, dass reisende Täter, durchreisende Ausländer, Nichtsesshafte sowie Teilnehmer an Krawallen schnell und rechtswirksam abgeurteilt werden können.

Im Jugendstrafverfahren erhält das Verhältnismäßigkeitsprinzip durch den „**Subsidiaritätsgrundsatz**" des § 72 Abs. 1 JGG eine besondere Ausprägung. Untersuchungshaft darf bei Jugendlichen nur verhängt und vollstreckt werden, wenn derselbe Zweck nicht durch eine vorläufige Anordnung über die Erziehung oder andere Maßnahmen erreicht werden kann. Zu diesen anderen erzieherischen Maßnahmen gehört neben der Aufnahme in eine betreute Wohnform auch die einstweilige Einweisung in ein geeignetes Heim der Jugendhilfe (dazu nachfolgend unter 6.3).

Eine weitere Besonderheit gilt gem. § 72 Abs. 2 JGG für Jugendliche unter 16 Jahren. Bei ihnen ist die Anordnung von Untersuchungshaft wegen Fluchtgefahr nur zulässig, wenn sie sich dem Verfahren bereits entzogen hatten oder Anstalten zur Flucht getroffen haben oder in der Bundesrepublik keinen festen Wohnsitz oder Aufenthalt haben.

6.2   Einstweilige Unterbringung nach § 126a StPO

„Sind dringende Gründe für die Annahme vorhanden, dass jemand eine rechtswidrige Tat im Zustand der Schuldunfähigkeit oder verminderten Schuldfähigkeit (§§ 20, 21 des Strafgesetzbuches) begangen hat und dass seine Unterbringung in einem psychiatrischen Krankenhaus oder einer Entziehungsanstalt angeordnet werden wird, so kann das Gericht durch Unterbringungsbefehl die einstweilige Unterbringung in einer dieser Anstalten anordnen, wenn die öffentliche Sicherheit es erfordert" (§ 126a I StPO).

Diese Vorschrift dient dem Schutz der Allgemeinheit vor gefährlichen Rechtsbrechern. Sie soll nicht, wie § 112 StPO, die Verfahrenssicherung, sondern die Vorwegnahme der Unterbringung nach §§ 63, 64 StGB ermöglichen. Eine solche einstweilige Unterbringung kann auch gegen Jugendliche und Heranwachsende angeordnet werden.

So besteht schon in einem frühen Stadium des Verfahrens die Möglichkeit einer ärztlichen Behandlung, die dann ohne weitere richterliche Genehmigung zulässig ist. Auch bei einem vorläufigen Unterbringungsbefehl gem. § 126a StPO gilt natürlich der Grundsatz der Verhältnismäßigkeit, d. h. der Tatverdächtige muss schon schwerwiegende Delikte gegen die Allgemeinheit begangen haben und es muss von Anfang an auf der Hand liegen, dass bei einer Verurteilung eine Unterbringung in einem psychiatrischen Krankenhaus oder einer Entziehungsanstalt angeordnet wird.

6.3   Einstweilige Unterbringung in einem geeigneten Heim der Jugendhilfe (§§ 71, 72 JGG)

§ 72 Abs. 4 JGG ermöglicht bei Jugendlichen die einstweilige Unterbringung in einem geeigneten Heim der Jugendhilfe, wenn die Voraussetzungen zum Erlass eines Haftbefehls gegeben sind. Unabhängig von einem Haftgrund im Sinne des Haftrechtes kann der Jugendrichter darüber hinaus nach § 71 Abs. 2 auch dann die einstweilige Unterbringung in einem Heim anordnen, wenn dies geboten ist, „um den Jugendlichen vor einer weiteren Gefährdung seiner Entwicklung, insbesondere vor der Begehung neuer Straftaten, zu bewahren". Damit sieht der Gesetzgeber eine alternative Unterbringungsmöglichkeit vor, die neben der verfahrenssichernden Funktion gleichzeitig auf Entwicklungsdefizite des Jugendlichen eingehen kann. Die Untersuchungshaft soll wegen ihrer schädlichen sozialen und psychischen Auswirkungen bei Jugendlichen möglichst vermieden werden. Da die Vollzugsbedingungen der Untersuchungshaft trotz des nach § 93 Abs. 2 JGG bestehenden

Auftrages erzieherischer Ausgestaltung in der Praxis mangelhaft sind, erhält die Möglichkeit der Heimeinweisung unter dem Aspekt der Haftvermeidung eine besondere Bedeutung. Umstritten ist allerdings die Frage, was unter einem „geeigneten Heim der Jugendhilfe" zu verstehen ist.

Der Gesetzgeber hat den Begriff „geeignetes Heim der Jugendhilfe" in § 71 Abs. 2 JGG nicht näher spezifiziert. Es heißt lediglich im Gesetz, dass das Heim geeignet sein muss, den Jugendlichen vor einer weiteren Gefährdung seiner Entwicklung, insbesondere vor der Begehung neuer Straftaten zu bewahren. Da die gesetzliche Regelung selbst keine Aussage über die konkrete Ausgestaltung des betreffenden Heimes trifft, ist in der Norm ein grundlegender Konflikt angelegt. Pädagogische Grundsätze der Heimerziehung stehen Erwartungen des Jugendstrafrechts nach Verfahrenssicherung und Schutz der Allgemeinheit vor weiteren Straftaten gegenüber. Darüber, ob diese Heime „offen" oder „geschlossen" bzw. „besonders gesichert" sein sollen, wird eine heftige Auseinandersetzung geführt.

Für eine ausbruchsichere Unterbringung votieren besonders die älteren Kommentare zum Jugendgerichtsgesetz sowie die ältere Rechtsliteratur. Die Befürworter der geschlossenen Unterbringung sehen in ihr ein letztes Mittel der Erziehung für diejenigen Jugendlichen, die als erziehungs- und bindungsunfähig anzusehen sind, weil sie sich jeder Form der Erziehung entziehen und von anderen Einrichtungen nicht mehr aufgenommen werden.

Seitdem 1981 in Hamburg und in der Folge in fast allen Bundesländern die „Erziehungsheime" geöffnet wurden, mehrten sich die Stimmen, die den pädagogischen Wert und die Notwendigkeit einer geschlossenen Unterbringung zur Vermeidung von Untersuchungshaft in Frage stellen. Sie berufen sich dabei im Wesentlichen auf die Erkenntnisse der Erziehungswissenschaften und verwandten Fachdisziplinen, die besagen,

- dass Zwang und Therapie unvereinbar sind – Erziehung hinter Mauern unter Zwang kann nicht erfolgreich sein, weil für den Jugendlichen nicht erkennbar wird, was mit Hilfe gemeint ist;
- dass Erzieher durch Hilfen bei der Bewältigung realer Lebenssituationen Vertrauen erwerben müssten, in kritischen Situation akzeptierbare Alternativen und Verständnis für Fehler unter Beweis stellen müssten – das geschlossene Heim bietet jedoch keinen Raum für realistische Problemsituationen und adäquate Bedürfnisbefriedigungen an;
- dass Lernen durch Handeln nur in realistischen Lernfeldern erfolgreich sein kann – in geschlossenen „totalen Institutionen" jedoch Überlebenstechniken erworben werden, die nur für das Überleben unter geschlossenen Bedingungen relevant sind.

Inzwischen hat sich die Erkenntnis durchgesetzt, dass „geeignete Heime der Jugendhilfe" im Sinne des § 71 Abs. 2 JGG nur noch in Ausnahmefällen geschlossene Heime sind und dass den offenen Einrichtungen der Jugendhilfe Priorität eingeräumt werden sollte. In der Bundesrepublik gibt es auch nur noch wenige geschlossene Einrichtungen (lt. Statistischem Bundesamt gab es 2010 noch 14 Einrichtungen in der Bundesrepublik, die geschlossene Unterbringung vorsehen – mit insgesamt 180 Plätzen). Viele Heime sehen im Bedarfsfalle allerdings eine vorübergehende „besonders gesicherte Unterbringung" vor, die jeweils vom Familienrichter genehmigt werden muss. Ende 2011 waren 65.370 junge Menschen in Heimen oder betreuten Wohneinrichtungen untergebracht. Übereinstimmung besteht unter den in der Jugendarbeit und Jugendstrafrechtspflege tätigen Praktikern dahingehend, dass nur für einen verschwindend kleinen Teil verwahrloster Jugendlicher, an die man sonst erzieherisch überhaupt nicht herankommt, eine Unterbringung in einer geschlossenen Einrichtung sinnvoll ist. Aber auch für diese kleine Restgruppe wird von der Mehrzahl der Sozialpädagogen die Meinung vertreten, dass man sie auch in offenen Einrichtungen halten kann, sofern die persönliche Bindung zu den betreuenden Bezugspersonen stark genug ist. Es hat sich inzwischen fast eine Art „Glaubenskrieg" zu dieser Problematik entwickelt. Die bedauerliche Folge ist allerdings, dass Jugendliche, die für ein derartiges Heim vorgesehen sind, entweder von den Jugendrichtern in die Untersuchungshaft überführt oder aber über die Jugendhilfe in geschlossene Einrichtungen in anderen Bundesländern – die meisten befinden sich in Bayern bzw. Nordrhein-Westfalen – eingewiesen werden.

Die Problematik der Straßenkinder 7

Das Phänomen herumstreunender, vom Elternhaus losgelöster sogenannter „Straßenkinder", auch „Crash-Kids" genannt, bei denen erzieherische Bemühungen im Elternhaus oder auch in Heimeinrichtungen fehlgeschlagen sind, ist in der Bundesrepublik nicht neu. Schon immer gab es derartige, als unerziehbar geltende Kinder und Jugendliche. In den früheren Jahren wurden sie ohne größere Diskussionen in geschlossene Heime überwiesen und landeten bei Eintritt der Strafmündigkeit (ab 14 Jahren) in den Jugendstrafanstalten. Nach der Wende ab 1990 fielen derartige Straßenkinder, die in Gruppen zusammenlebten, in Abbruchhäusern nächtigten und Straftaten bis zum Raub begingen, auch in den neuen Bundesländern auf. Die Bevölkerung war dadurch aufgeschreckt und forderte von den Behörden schnellstmögliches Eingreifen. In den neuen Bundesländern wurde der Ruf nach den „Jugendwerkhöfen" der DDR wieder laut. Versuche in den alten Bundesländern, derart gefährdete Jugendliche bzw. Kinder zusammen mit Sozialpädagogen auf längere Erlebnisreisen in ferne Länder zu schicken, können überwiegend als gescheitert angesehen werden. Mehr als eine Kapitulation der Sozialbetreuer ist dabei in aller Regel nicht herausgekommen.

In Hamburg bemühte man sich, den Straßenkindern menschenwürdige Wohnmöglichkeiten zu verschaffen und sie dabei durch sogenannte „Streetworker" in einer von ihnen akzeptierten Weise zu betreuen. Damit wurde zwar die Gefahr weiterer Straftaten nicht ausgeschlossen, aber so bestand zumindest die Möglichkeit, erzieherisch auf sie einzuwirken.

In Rostock, wo nach der Wende die Straßenkinderkriminalität stark zugenommen hatte, versuchten Jugendamt, Vormundschaftsgericht sowie die Jugendrichter das Problem mit folgender Strategie in den Griff zu bekommen:

Zwei noch nicht strafmündige, 13jährige Köpfe der Bande – beide hatten in den Jahren 1995 und 1996 zwischen 200 und 300 Straftaten begangen und waren begehrtes Objekt der öffentlichen Medien, insbesondere des Fernsehens – sind durch die Träger der Jugendhilfe mit Hilfe vormundschaftsgerichtlicher Genehmigung

© Springer Fachmedien Wiesbaden GmbH, ein Teil von Springer Nature 2019
A. Lüthke und I. Müller, *Strafjustiz für Nicht-Juristen*,
https://doi.org/10.1007/978-3-658-24227-5_7

jeweils in geschlossene Heime in Rheinland Pfalz und Westfalen eingewiesen worden. Da sich dieses Vorgehen schnell bei den übrigen Kindern herumsprach, wurden diese verunsichert und dadurch wieder besser ansprechbar für ihre zuständigen Erzieher oder Betreuer. Einige begaben sich dann freiwillig wieder ins Elternhaus zurück, andere waren bereit, sich in offene Heime zu begeben, aus denen sie auch nicht sofort wieder wegliefen.

Bei den strafmündigen Jugendlichen (14–17jährigen) erließ der Jugendrichter, soweit eine Rückkehr ins Elternhaus nicht erfolgversprechend erschien, jeweils Unterbringungsbefehle gem. §§ 71, 72 JGG für offene Heime, bei denen eine ausreichende Zahl von Betreuern zur Verfügung stand. Wenn die Jugendlichen diese Einrichtungen eigenmächtig verließen und sich wieder herumtrieben oder gar weitere Straftaten begingen, erließ der Jugendrichter sodann einen Haftbefehl, sodass sie bis zu ihrer Hauptverhandlung die harte Realität der Untersuchungshaft zu spüren bekamen.

Die Zeit der Untersuchungshaft wurde in aller Regel von den Vertretern der Jugendgerichtshilfe dazu genutzt, die Jugendlichen zu einer erneuten Unterbringung in einem Heim zu motivieren, was auch in den meisten Fällen gelang, sodass die Verhängung einer Jugendstrafe entbehrlich war.

Die Verfahren gegen strafmündige Straßenkinder sind von der Jugendstaatsanwaltschaft und den Jugendrichtern mit besonderer Beschleunigung betrieben worden, sodass die erzieherische strafrechtliche Reaktion in aller Regel binnen drei Monaten nach der letzten Tat einsetzen konnte.

Ausländerfeindliche Gewalt –
das Beispiel Rostock-Lichtenhagen

8.1 Die Situation Ende August 1992 in Rostock

Die Zentrale Aufnahmestelle für Asylbewerber (ZAST) war mit Ausländern – mehrheitlich Armutsflüchtlinge aus Rumänien – hoffnungslos überbelegt. Um die ZAST herum bildete sich wochenlang ein wahres Lager, das immer größer wurde, ohne dass die Stadtverwaltung ernsthafte Anstalten machte, die unerträgliche Situation dort zu verändern. Der Groll der Lichtenhagener Bürger nahm immer mehr zu. Die „Volksseele" fing allmählich an zu kochen – insoweit lässt es sich nachvollziehen, wenn auch nicht entschuldigen, dass viele Bürger Beifall bekundeten, als die Krawalle schließlich losgingen. Wie vielfach bei derartigen sozialen Missständen zu beobachten, nutzten rechte Gruppierungen die Gunst der Stunde, um mit rechtsradikalen Parolen nunmehr dort „für Ordnung zu sorgen", sprich: die ihrer Ansicht nach illegal und ohne Asylgrund eingeschleusten Ausländer wieder hinauszutreiben, wenn schon der Staat nichts dagegen unternahm. Die Behörden wirkten damals in der Tat wie paralysiert angesichts des immer größer werdenden Zustroms von Ausländern. Wenn man sie auf verschiedene Orte verteilt hätte, wäre es sicher nicht zu den Krawallen gekommen; der bedauerliche Effekt einer Initialzündung für spätere Ausschreitungen gegen Ausländer in anderen Teilen der Bundesrepublik hätte vermieden werden können. Die Wirkung von Rostock auf nachfolgende Aktionen, wie z. B. in Mölln, war nicht zuletzt deshalb so nachhaltig, weil die Ausschreitungen – fernsehwirksam begleitet – eine Woche lang ununterbrochen potentielle Täter zur Nachahmung motivierten.

© Springer Fachmedien Wiesbaden GmbH, ein Teil von Springer Nature 2019
A. Lüthke und I. Müller, *Strafjustiz für Nicht-Juristen*,
https://doi.org/10.1007/978-3-658-24227-5_8

8.2   Die eigentlichen Krawalle

Angekündigt waren die am 22. August 1992 (Samstag) begonnenen Aktionen gegen
die ZAST von rechten Gruppierungen bereits eine Woche zuvor. Deshalb kamen
auch krawallbereite Jugendliche und Jungerwachsene von Schwerin, Dresden, Berlin
und den alten Bundesländern nach Rostock, um an den Krawallen teilzunehmen.
Die Angereisten gehörten mehrheitlich der rechtsradikalen Szene an, ließen sich
aber nur in geringer Zahl bei strafbaren Aktionen greifen. Sie heizten die Stimmung
in erster Linie durch die bekannten ausländerfeindlichen Parolen wie „Deutschland den Deutschen, Ausländer raus" an. In diese aufgeheizte Stimmung stießen
Jugendliche aus Rostock und Umgebung, die mit der veränderten Situation nach
der Wende ohnehin nicht klar kamen und die – überwiegend stark alkoholisiert
– die Gelegenheit nutzten, ihren Frust durch Aktionen gegen die Polizeikräfte
abzureagieren. Die meisten Straftaten während der Krawalle in Rostock richteten
sich in erster Linie gegen die Staatsgewalt in Form der Polizei und erst sekundär
gegen die Ausländer selbst – die Asylbewerber waren ja bereits am Montag aus der
ZAST evakuiert und in Hinrichshagen nahe Rostock untergebracht worden, wo
merkwürdigerweise kaum ein Demonstrant auftauchte. Gleichwohl waren durch die
Brandanschläge etwa 100 im Nachbarhaus wohnende Vietnamesen stark gefährdet,
auch wenn diese nicht das eigentliche Ziel der Gewalttaten waren. Die Polizei reizte
allerdings auch durch ihr ungeschicktes Auftreten viele nur aus Neugierde ange-
kommene Jugendliche, sich mit ihr zu reiben. Die Staatsgewalt zeichnete sich durch
planloses und desorganisiertes Agieren aus, ohne dass eine klare Linie zu erkennen
war. Der Gipfel des Chaos war ein Abzug der Polizeikräfte am Montagabend, der
den Rechtsradikalen ermöglichte, das Gebäude in Lichtenhagen teilweise in Brand
zu setzen und das Inventar zu zerstören.

Das planlose Agieren der Polizei hatte zur Folge, dass nur wenige Straftäter
ergriffen werden konnten. Ein großer Teil der vorläufig Festgenommenen musste
obendrein nach Prüfung durch die Staatsanwaltschaft wieder freigelassen werden,
weil der Festgenommene nicht beweiskräftig einer bestimmten Straftat zugeordnet
werden konnte.

Insgesamt erließen die diensttuenden Ermittlungsrichter dreißig Haftbefehle,
davon etwa zwanzig gegen Jugendliche und Heranwachsende. Es war nicht ganz
unproblematisch, in allen Fällen bei den Tatverdächtigen die Haftgründe zu bejahen.
Nach § 112a StPO kann wegen Wiederholungsgefahr ein Haftbefehl nur erlassen
werden, wenn Freiheitsstrafe über einem Jahr zu erwarten ist; Fluchtgefahr (§ 112
Abs. 2 Ziff.2 StPO) kam weniger in Betracht, da fast alle Beschuldigten einen festen
Wohnsitz hatten, die Fluchtgefahr somit nur mit einer zu erwartenden längeren
Freiheitsstrafe hätte begründet werden können.

Die Problematik einer etwa unverhältnismäßigen Untersuchungshaft ist in Rostock allerdings gar nicht erst zum Tragen gekommen, weil bereits nach zweiwöchiger Untersuchungshaft die ersten Hauptverhandlungen im Beschleunigten Verfahren gemäß § 417 StPO durchgeführt wurden und die meisten Festgenommenen spätestens nach vier Wochen Untersuchungshaft abgeurteilt waren, insbesondere die sogenannten Mitläufer.

Es sind dann allerdings noch weitere ca. 50 Personen, die mit Waffen angereist kamen, nach Polizeirecht – § 55 des Sicherungs- und Ordnungsgesetzes (SOG) für Mecklenburg-Vorpommern – in Gewahrsam genommen worden, wobei die Ingewahrsamnahme richterlich bestätigt wurde. Alle wurden dann spätestens am Sonntag nach Beginn der Krawalle wieder freigelassen, befanden sich also nur etwa drei bis vier Tage in Polizeihaft. Hierbei handelte es sich überwiegend um Angehörige der sogenannten „autonomen Szene", die relativ gut organisiert – z. B. in Begleitung von Rechtsanwälten – angereist waren und argumentierten, sie hätten die Waffen zur Verteidigung gegen Angriffe der rechtsradikalen Szene mitgeführt – wobei von Rechtsradikalen allerdings genauso, nur umgekehrt, argumentiert wurde.

Die von der Polizei vorläufig Festgenommenen wurden sämtlich, „Rechte" wie „Autonome", in eine Turnhalle des Lagezentrums der Polizei gebracht. Dort arbeitete die Einsatzgruppe der Staatsanwaltschaft, drei Staatsanwälte und zwei bis vier Richter, um die erforderlichen Haftentscheidungen zu treffen. Diese Zusammenarbeit klappte recht gut, ebenso wie die sich anschließende schnellstmögliche Aburteilung der Inhaftierten.

8.3 Überblick über die angeklagten Strafverfahren

Insgesamt 43 Ermittlungsverfahren führten zur Anklage – in einem Fall bei der Großen Strafkammer des Landgerichts, in den übrigen Fällen beim Amtsgericht. 25 Jugendliche bzw. Heranwachsende sowie 11 Erwachsene wurden abgeurteilt. In drei Fällen erfolgte Freispruch, in weiteren drei Fällen wurde die Eröffnung des Hauptverfahrens abgelehnt. Ferner wurden gegen Erwachsene zwei Strafbefehle erlassen sowie in vier Fällen die Verfahren gem. §§ 153, 153a StPO eingestellt. Hierbei handelte es sich überwiegend um Verstöße gegen das Versammlungsgesetz (Anreise mit Waffen).

8.4   Sanktionen und Tätermilieu

Die Verurteilungen erfolgten in erster Linie wegen Landfriedensbruchs bzw. schweren Landfriedensbruchs, teilweise in Tateinheit mit versuchter oder vollendeter gefährlicher Körperverletzung bzw. schwerer Brandstiftung. In keinem Falle erfolgte eine Verurteilung wegen versuchten Mordes oder Totschlags, da die Gerichte einen Tötungsvorsatz nicht bewiesen sahen.

Sieben Jugendliche bzw. Heranwachsende wurden zu Jugendstrafen zwischen neun Monaten und drei Jahren verurteilt, fünf davon ohne Strafaussetzung zur Bewährung. Drei der Verurteilten stammten aus geordneten bürgerlichen Verhältnissen, während der Rest in Heimen aufgewachsen ist; sechs von ihnen kann man der rechten Szene zuordnen. Diese Täter waren überwiegend von auswärts angereist und hatten massiv bis hin zur Brandstiftung an den Ausschreitungen teilgenommen.

Von den elf zu Freiheitsstrafen verurteilen Erwachsenen sind zwei als sogenannte Neonazis einzustufen (einer erhielt für mehrfaches Zeigen des sogenannten Hitlergrußes und Widerstandes gegen Polizeibeamte ein Jahr und einen Monat Freiheitsstrafe ohne Bewährung; der zweite erhielt für das Werfen eines Molotowcocktails vom Landgericht eine Freiheitsstrafe von zwei Jahren, sechs Monaten und zwei Wochen ohne Bewährung). Die restlichen neun abgeurteilten Erwachsenen sind als Mitläufer einzustufen, ohne dass eine rechtsextreme Gesinnung bei ihnen festgestellt werden konnte. Es handelte sich dabei ausnahmslos um Steinewerfer, die zu Freiheitsstrafen zwischen sechs Monaten und einem Jahr und drei Monaten verurteilt wurden. Etwa die Hälfte der zu Freiheitsstrafen verurteilten Erwachsenen erhielt Strafaussetzung zur Bewährung, während bei den Jugendlichen, die zu Jugendstrafe verurteilt wurden, lediglich zwei von sieben Verurteilten eine Bewährungschance bekamen. Ob bei dieser Sachlage die Strafen tatsächlich so „lachhaft niedrig" waren, wie die Boulevardpresse meinte, mag einmal neu überdacht werden. Das falsche Bild von den angeblich milden Strafen ist wohl deshalb entstanden, weil die Delikte mit geringerem Unrechtsgehalt bereits kurz nach der Tat abgeurteilt wurden, während die schwereren Delikte erst wesentlich später zur Verhandlung gekommen sind. Diese späteren Verurteilungen zu Jugendstrafe bzw. Freiheitsstrafe wurden von der Presse kaum noch beachtet.

Bei den 19 Jugendlichen/Heranwachsenden, die zu Jugendarrest verurteilt wurden, oder die erzieherische Weisungen erhielten, handelte es sich – abgesehen von drei Ausnahmen – um junge Leute, die nicht der rechten Szene zugeordnet werden können. Sie haben sich vielmehr durch die aufgeheizte Stimmung mitreißen lassen, mit Steinen in Richtung der Polizeibeamten zu werfen, hatten teilweise auch ihren Spaß daran, auf diese Weise ihre Stärke gegenüber der Staatsgewalt zu demonstrieren. Bei dieser Gruppe von Jugendlichen, die nicht mit Molotowcocktails geworfen oder jemanden verletzt haben, lagen die rechtlichen Voraussetzungen zur Verhängung einer Jugendstrafe eindeutig nicht vor. Bei ihnen reichte ein zwei- bis vierwöchiger Jugendarrest, der mit der Untersuchungshaft abgegolten war, in Verbindung mit erzieherischen Weisungen wie z. B. Teilnahme an einem Sozialen Trainingskurs oder Verrichtung gemeinnütziger Arbeit, um sie zur Besinnung zu bringen. Der Ruf nach härterer Bestrafung wäre bei dieser Gruppe von Jugendlichen sicherlich verfehlt – abgesehen davon, dass eine im Durchschnitt dreiwöchige Untersuchungshaft in der Strafanstalt Neustrelitz unter den damaligen Haftbedingungen von nachhaltigster Wirkung gewesen sein dürfte. Die Täter bekamen die Folgen ihrer Taten auf diese Weise unmittelbar zu spüren und sind in der Untersuchungshaft sicherlich zum Nachdenken gekommen.

Auch die sich an die Untersuchungshaft anschließenden erzieherischen Weisungen, z. B. die Sozialen Trainingskurse, taten dann ihr Übriges, um bei den Tätern einen Umdenkprozess zu erzielen. Bezeichnenderweise haben alle Verurteilten die richterlichen Weisungen erfüllt. Es musste nicht ein einziger Ungehorsamsarrest verhängt werden. Auch bei den Bewährungsstrafen musste lediglich eine einzige Strafaussetzung widerrufen werden, freilich wegen einer gänzlich anderen Straftat.

Die strafrechtliche Aufarbeitung der Krawalle von Rostock-Lichtenhagen hat gezeigt, dass mit den derzeit zu Gebote stehenden Sanktionsmöglichkeiten auch auf extreme Fälle angemessen reagiert werden kann. Der in den letzten Jahren erhobene Ruf nach einer Anhebung der derzeitigen gesetzlichen Strafrahmen erscheint unverständlich, wenn man bedenkt, dass der Strafrahmen für § 125a StGB (schwerer Landfriedensbruch) bei Erwachsenen schon jetzt zwischen sechs Monaten und zehn Jahren Freiheitsstrafe und bei Jugendlichen zwischen Erziehungsmaßnahmen und fünf Jahren Jugendstrafe liegt.

8.5 Thesen zum Umgang mit rechtsradikalen Gewalttätern

Abschließend sollen zu dieser Problematik noch einige bereits auf einem „Forum der Frankfurter Rechtstage zur Rechtspolitik" am 10. November1993 von Albrecht Lüthke vorgetragene Thesen zum Umgang mit rechtsradikalen Gewalttätern wiedergegeben werden, die nach wie vor aktuell sind – so die im Herbst 2018 besonders in den neuen Bundesländern verstärkt aufkeimenden, von Fremdenfeindlichkeit getragenen Straftaten von Rechtsradikalen (z. B. Körperverletzung Brandstiftung Beleidigung), sowie die von Fremdenfeindlichkeit getragenen Demonstrationszüge von Rechtsextremen, Neonazis mit Hitlergruß, Hooligans, PEGIDA („Patriotische Europäer gegen die Islamisierung des Abendlandes"), „Besorgten Bürgern", „Identitärer Bewegung" und auch Anhängern der Partei AfD („Alternative für Deutschland").

1. Rechtsradikale Gewalttaten sollten schnell und konsequent von der Strafjustiz verfolgt werden. Das ist aus mehreren Gründen wichtig:
   a. Die Täter – auch im Hinblick auf andere potentielle Täter – sollten die Folgen ihrer Tat – in der Regel Inhaftierung – sofort zu spüren bekommen und nicht durch verzögertes Reagieren der Strafverfolgungsorgane zum Weitermachen ermuntert werden;
   b. Die Öffentlichkeit muss merken, dass die Justiz schnell reagiert – das ist wichtig für das Vertrauen in die Funktionsfähigkeit der Justiz;
   c. Dem Ausland muss auf diese Weise verdeutlicht werden, dass es Minderheiten sind, die vereinzelt an die unrühmlichen Vorgänge der Nazizeit anknüpfen und dass diese Aktionen möglichst schon im Keim erstickt werden.
2. Um dieses Ziel zu erreichen, sollte die Bearbeitung derartiger Fälle bei Polizei, Staatsanwaltschaft und Gerichten absolute Priorität genießen, indem Sonderarbeitsgruppen gebildet werden, die für schnellstmögliche Förderung der Verfahrensbearbeitung sorgen – wie z. B. in Rostock erfolgreich praktiziert.
3. Bei der Strafzumessung sollten spezialpräventive Gesichtspunkte im Vordergrund stehen, d. h. man sollte überlegen, wie man den einzelnen Täter aus seiner rechtsextremen Verblendung herauslösen und wieder in vernünftige Bahnen des sozialen Zusammenlebens lenken kann. Dazu eignen sich Bewährungsstrafen in der Regel besser als längerfristige Freiheitsstrafen. Eine intensiv geführte Bewährung mit entsprechenden begleitenden Weisungen für die Lebensführung – z. B. Kontaktverbote zu rechtsorientierten Personen oder Vereinigungen, soziale Trainingskurse, Einbindung in Sport- oder Freizeitvereine, Betreutes Wohnen – verspricht eher die Chance auf eine Umorientierung als eine Inhaftierung mit Gleichgesinnten in einem schlecht funktionierenden Knast.
4. Der Ruf nach Erhöhung der Strafrahmen und längeren Freiheitsstrafen erscheint kurzsichtig:
   a. lange Freiheitsentziehungen führen zur Verfestigung der rechtsorientierten Einstellung des Gefangenen – Märtyrerrolle, engere Anbindung an Gesinnungsgenossen;
   b. andere labile Gefangene werden durch die Rechtsradikalen, die sich auch im Strafvollzug schnell in eine Führungsposition setzen, negativ beeinflusst und relativ leicht für spätere gemeinsame Aktivitäten angeworben;
   c. die Bedingungen und Mittel des Strafvollzuges eignen sich wenig zur Resozialisierung von Rechtsradikalen;

d. eine Erhöhung der Strafrahmen der derzeitigen Straftatbestände ist nicht
erforderlich, um angemessene Strafen für rechtsorientierte Gewalttäter
auszusprechen. Es gelten bereits jetzt folgende Strafrahmen:

- einfacher Landfriedensbruch, § 125 StGB: Geldstrafe bis drei Jahre Freiheitsstrafe,
- besonders schwerer Landfriedensbruch, § 125a StGB: Freiheitsstrafe von
  sechs Monaten bis zu zehn Jahren,
- gefährliche Körperverletzung, § 224 StGB: Geldstrafe bis 10 Jahre Freiheitsstrafe,
- schwere Brandstiftung, § 306a StGB: Freiheitsstrafe von einem bis zu 15
  Jahren. Diese Strafrahmen reichen allemal, um im Strafmaß ausreichend
  reagieren zu können.

5. So wichtig die Reaktion der Strafjustiz auf rechtsorientierte Gewalt auch ist,
darf man nicht in den Fehler verfallen, hierin die Hauptlösung des Problems
zu suchen; man sollte sich vielmehr darüber im Klaren sein, dass die justizielle
Lösung eigentlich die letzte Möglichkeit ist, die zur Zeit wieder aufkeimende
rechte Gewalt in den Griff zu bekommen. Das Problem muss in erster Linie
vorrangig auf anderen gesellschaftlichen Ebenen gelöst werden:

- Gegenbewegung in der breiten Masse der Bevölkerung, auf öffentlichen
  Veranstaltungen, wie Rockkonzerten, Sportveranstaltungen und in den in
  öffentlichen Medien;
- Diskussionen über die Nazi-Vergangenheit innerhalb der Familie;
- Aufklärung und Diskussion in der Schule bzw. Berufsschule;
- Aufklärung und Diskussion in Freizeitzentren.

8.6   Straftaten von und zu Lasten von Flüchtlingen (Asylsuchenden)

Die Kriminalstatistik für 2017 zeigt, dass Asylbewerber, abgesehen einmal von
Verstößen gegen das Aufenthaltsgesetz, nicht häufiger straffällig werden als Deutsche oder andere Migranten. Bei gravierenden Straftaten – wie gefährlicher Körperverletzung, Mord, Totschlag, Vergewaltigung und sexueller Nötigung – ist
der Anteil der Flüchtlinge (Asylbewerber) allerdings überdurchschnittlich hoch
(13 % der Tatverdächtigen). Dies gilt besonders für junge Flüchtlinge im Alter von
14 – 29 Jahren.

In den ersten Monaten nach ihrer Ankunft werden Flüchtlinge nur selten
straffällig. Später ändert sich das vielfach. Vor allem junge, alleinstehende Män-

ner mit schlechter Bleibeperspektive fallen häufig durch Gewaltkriminalität auf. Allerdings sind laut einer Zusammenfassung des Bundeskriminalamtes für 2017 bei zwei Dritteln aller Körperverletzungsdelikte Täter und Opfer gleichermaßen Ausländer. Am häufigsten finden die Körperverletzungen in den Flüchtlingsheimen selbst statt. Die Statistik zeigt aber auch andererseits, dass die meisten Gewaltdelikte unter Deutschen begangen werden und häufig im familiären Umfeld stattfinden.

In einer Studie von Prof. Christian Pfeiffer (Kriminologisches Forschungsinstitut Niedersachsen) hat dieser aufgezeigt, dass Gewaltdelikte von Flüchtlingen im Vergleich zu deutschen Tätern mindestens doppelt so oft angezeigt werden. Denn wenn Opfer und Täter sich nicht kennen, ist die Anzeigebereitschaft höher als z. B. bei Straftaten innerhalb einer Familie oder im Freundeskreis. Außerdem gibt er zu bedenken, dass die Unterbringung von Menschen in beengten Flüchtlingsheimen Gewaltkonflikte begünstige, nicht zuletzt auch bei der fehlenden Bleibeperspektive.

In der polizeilichen Kriminalstatistik gibt es bestimmte Nationalitäten, die besonders häufig vorkommen, vor allem Flüchtlinge aus Kriegsgebieten wie Syrien, Afghanistan und dem Irak. Doch obwohl sie zum Teil Gewalterfahrungen mitbringen, begehen sie weniger Gewaltdelikte als zum Beispiel Einreisende aus Südosteuropa oder den Maghrebstaaten. Besonders Flüchtlinge aus Algerien, Tunesien und Marokko begehen prozentual gesehen häufiger Straftaten als die anderen Flüchtlinge, die nach Ansicht Pfeiffers ihre guten Perspektiven, in Deutschland bleiben zu dürfen, nicht gefährden wollen. Die kriminellen Flüchtlinge aus Nordafrika bestehen vielfach aus Jungen kaputter Familien, die schon in ihrer Heimat ein Leben am Rande der Gesellschaft mit einhergehender Kriminalität geführt haben.

Wie lässt sich nun diese seit 2015 bestehende Problematik, insbesondere bei den männlichen jungen Flüchtlingen, entschärfen? Pfeiffer plädiert zu Recht für Familiennachzug, wo es möglich ist. „Frauen wirken zivilisierend. Sind Ehefrauen und Schwestern in der Nähe, entschärft das auch bei jungen Männern das Problem mit der Gewaltkriminalität". Weiterhin plädiert er für ein Einwanderungsgesetz nach kanadischem Muster, welches Anreize setzt, sich möglichst schnell zu integrieren und einen Job zu finden, zum anderen für entwicklungspolitische Hilfe in den Herkunftsländern, damit auch die freiwillige Rückkehr zu einer aussichtsreichen Option wird – alles Aufgabe der Bundesregierung.

Vordringliches Ziel einer erfolgversprechenden Integration sollte somit für die neuen Einwanderer sein: Sofortige Sprachkurse, Schul- und Berufsausbildung sowie die Möglichkeit echter Arbeit und Unterbringung in Wohnungen außerhalt beengter Flüchtlingsheime in der Nachbarschaft von Deutschen. Nur so „schaffen wir das" im Sinne von Angela Merkel!

Sonderregelungen für das Schöffenamt 9

Die Auswahl der an einem Gerichtsverfahren beteiligten Schöffen geschieht in einem Verfahren, das in einzelnen Gemeinden unterschiedlich gehandhabt wird. Zunächst muss die Gemeinde in jedem fünften Jahr eine Vorschlagsliste für Schöffen aufstellen. Die Namen für diese Vorschlagslisten werden mancherorts dem Adressbuch entnommen, woanders von den politischen Parteien benannt, oder sie beruhen auf freiwilligen Meldungen. Die Vorschlagsliste soll alle Gruppen der Bevölkerung nach Geschlecht, Alter, Beruf und sozialer Stellung angemessen berücksichtigen. Die Vorschlagsliste für die Jugendschöffen wird, getrennt nach männlichen und weiblichen Schöffinnen, vom Jugendhilfeausschuss der Gemeinden erstellt. Die Jugendschöffen sollen erzieherisch befähigt und in der Jugenderziehung befähigt sein. Die Listen werden, nachdem sie in den Gemeinden eine Woche lang öffentlich ausgelegen haben, an das Amtsgericht des Bezirks übersandt. Hier tritt alle fünf Jahre ein Ausschuss zusammen, der aus einem Richter beim Amtsgericht – für die Wahl der Jugendschöffen ein Jugendrichter -, einem Verwaltungsbeamten sowie sieben Vertrauenspersonen (die häufig von den Parteien delegiert werden) besteht. Der Ausschuss wählt dann aus der Vorschlagsliste die erforderliche Anzahl von Haupt- und Hilfsschöffen (Ersatzschöffen) aus. Die gewählten Hauptschöffen werden anschließend im Losverfahren den einzelnen Sitzungen zugeordnet. Die Hilfsschöffen kommen der Reihe nach zum Einsatz, wenn ein Hauptschöffe verhindert ist; ferner werden sie zu außerplanmäßigen Schöffensitzungen herangezogen.

Ehrenamtliche Richter, die keinen Verdienstausfall nachweisen können, bekommen für ihre richterliche Tätigkeit eine Entschädigung von sechs Euro je Stunde. Wer durch die Teilnahme an den Gerichtssitzungen Verdienstausfall erleidet, erhält diesen bis zu 24 € pro Stunde ersetzt. Wer nicht erwerbstätig ist und einen eigenen Haushalt für mehrere Personen führt, erhält zusätzlich 14 € je Stunde (sog. Hausfrauentarif). Fahrkosten werden bei Benutzung eines eigenen Kraftfahrzeugs mit 0,25 € pro Kilometer entgolten, im Übrigen die tatsächlichen Kosten für ein

© Springer Fachmedien Wiesbaden GmbH, ein Teil von Springer Nature 2019
A. Lüthke und I. Müller, *Strafjustiz für Nicht-Juristen*,
https://doi.org/10.1007/978-3-658-24227-5_9

öffentliches Verkehrsmittel. Nähere Auskunft über die Einzelabrechnungen erteilt die Geschäftsstelle des Gerichts.

Wenn der Schöffe aus einem bestimmten Anlass, etwa einer Urlaubsreise, an einer Sitzung nicht teilnehmen kann, so stellt er einen entsprechenden Antrag bei seinem Gericht. Auch unvorhersehbare Hinderungsgründe wie ein Verkehrsunfall oder eine plötzliche Erkrankung werden als Entschuldigungsgründe anerkannt. Fehlt ein Schöffe allerdings unentschuldigt bei einer Verhandlung, kann das Gericht eine Ordnungsstrafe gegen ihn aussprechen, die es freilich bei nachträglicher und ausreichender Entschuldigung zurücknehmen wird. Auch die Kosten des ausgefallenen Termins können ihm auferlegt werden. Der Schöffe hat gegen die Ordnungsstrafe das Rechtsmittel der Beschwerde.

Das Amt des Laienrichters der Strafgerichtsbarkeit dauert fünf Jahre. Erstreckt sich gerade eine mehrtägige Sitzung des Gerichts über diese Zeit hinaus, so bleibt er bis deren Ende im Amt. Außer durch die Fünfjahresfrist kann die Tätigkeit des „Richters ohne Robe" aber auch dadurch enden, dass ein Schöffe während seiner Amtszeit nicht mehr alle gesetzlich festgelegten Voraussetzungen seiner richterlichen Tätigkeit erfüllt – sei es durch langwierige Krankheit, sei es durch sonstige Änderung der persönlichen Verhältnisse. Im Einzelnen sieht das Gericht folgende Ausschluss- und Ablehnungsgründe vor:

„Unfähig zu dem Amt eines Schöffen sind
1. Personen, die infolge Richterspruchs die Fähigkeit zur Bekleidung öffentlicher Ämter nicht besitzen oder wegen einer vorsätzlichen Tat zu einer Freiheitsstrafe von mehr als sechs Monaten verurteilt sind;
2. Personen, gegen die ein Ermittlungsverfahren wegen einer Tat schwebt, die den Verlust der Fähigkeit zur Bekleidung öffentlicher Ämter zur Folge haben kann:
3. Personen, die infolge gerichtlicher Anordnung in der Verfügung über ihr Vermögen beschränkt sind" (§ 32 GVG).

„Zu dem Amt eines Schöffen sollen nicht berufen werden
1. Personen, die bei Beginn der Amtsperiode das fünfundzwanzigste Lebensjahr noch nicht vollendet haben würden;
2. Personen, die das siebzigste Lebensjahr vollendet haben oder es bis zum Beginn der Amtsperiode vollenden würden;
3. Personen, die zur Zeit der Aufstellung der Vorschlagsliste noch nicht ein Jahr in der Gemeinde wohnen;
4. Personen, die wegen geistiger oder körperlicher Gebrechen zu dem Amt nicht geeignet sind" (§ 33 GVG).

„Zu dem Amt des Schöffen sollen ferner nicht berufen werden
1. der Bundespräsident;
2. die Mitglieder der Bundesregierung oder einer Landesregierung;

3. Beamte, die jederzeit einstweilig in den Warte- oder Ruhestand versetzt werden können; – sog. politische Beamte -
4. Richter und Beamte der Staatsanwaltschaft, Notare und Rechtsanwälte;
5. gerichtliche Vollstreckungsbeamte, Polizeivollzugsbeamte, Bedienstete des Strafvollzugs sowie hauptamtliche Bewährungs- und Gerichtshelfer;
6. Religionsdiener und Mitglieder solcher religiöser Vereinigungen, die satzungsgemäß zum gemeinsamen Leben verpflichtet sind;
7. Personen, die als ehrenamtliche Richter in der Strafrechtspflege in zwei aufeinander folgenden Amtsperioden tätig gewesen sind".

„Die Berufung zum Amt eines Schöffen dürfen ablehnen
1. Mitglieder des Bundestages, des Bundesrates, eines Landtages oder einer zweiten Kammer;
2. Personen, die in der vorhergehenden Amtsperiode die Verpflichtung eines ehrenamtlichen Richters in der Strafrechtspflege an vierzig Tagen erfüllt haben, sowie Personen, die bereits als ehrenamtliche Richter tätig sind;
3. Ärzte, Zahnärzte, Krankenschwestern, Kinderkrankenschwestern, Krankenpfleger und Hebammen;
4. Apothekenleiter, die keinen weiteren Apotheker beschäftigen;
5. Personen, die glaubhaft machen, dass ihnen die unmittelbare persönliche Fürsorge für ihre Familie die Ausübung des Amtes in besonderem Maße erschwert;
6. Personen, die das fünfundsechzigste Lebensjahr vollendet haben oder es bis zum Ende der Amtsperiode vollendet haben würden.
7. Personen, die glaubhaft machen, dass die Ausübung des Amtes für sie oder eines Dritten wegen Gefährdung oder erheblicher Beeinträchtigung einer ausreichenden wirtschaftlichen Lebensgrundlage eine besondere Härte bedeutet" (§ 35 GVG).

„Ablehnungsgründe sind nur zu berücksichtigen, wenn sie innerhalb einer Woche, nachdem der beteiligte Schöffe von seiner Einberufung in Kenntnis gesetzt worden ist, von ihm geltend gemacht werden. Sind sie später entstanden oder bekannt geworden, so ist die Frist erst von diesem Zeitpunkt an zu berechnen. Der Richter beim Amtsgericht entscheidet über das Gesuch nach Anhörung der Staatsanwaltschaft. Die Entscheidung ist nicht anfechtbar" (§ 53 GVG).

Aus anderen als den hier genannten Gründen darf die Ausübung des Schöffenamtes nicht verweigert werden. Dieses Verbot ist natürlich in der Praxis schwer durchzusetzen. Das Schöffenamt erfordert freiwillige Mitarbeit, Engagement und manchmal gar Zivilcourage, alles Dinge, die nicht mit Ordnungsstrafen erzwungen werden können. Wer meint, mit seiner Auffassung nicht durchzudringen und daher wenig Neigung hat, weiter mitzuarbeiten, sollte bedenken, dass seine Resignation niemandem nützt und es bei der Urteilsfindung gerade auf seine Stimme ankommen kann.

Weiterführende Literatur

Bauer, Fritz. 1957. *Das Verbrechen und die Gesellschaft*. München: Reinhardt Verlag (nur noch erhältlich über die Versandbuchhandlung des Fritz Bauer Instituts).

Buschkowsky, Heinz. 2013. *Neukölln ist überall*. Berlin: Ullstein Taschen- buch.

Hannover, Heinrich. 1999. *Die Republik vor Gericht 1954–1995 – Erinnerungen eines unbequemen Rechtsanwalts*. Berlin: Aufbauverlag.

Heisig, Kirsten. 2010. *Das Ende der Geduld. Konsequent gegen jugendliche Gewalttäter*. Freiburg: Herder Taschenbuch.

Hirschberg, Max. 1962. *Das Fehlurteil im Strafprozess*. Frankfurt a.m.: Fischer Taschenbuch.

Kerscher, Ignatz. 1985. *Sozialwissenschaftliche Kriminalitätstheorien. Eine Einführung*. 4. Aufl. Basel: Beltz Verlag.

Lieber, Hasso. 2008. *Leitfaden für Schöffinnen und Schöffen*. Wiesbaden: Kommunal- und Schul-Verlag.

Mauz, Gerhard. 1975. *Das Spiel von Schuld und Sühne*. Düsseldorf: Verlag Eugen Diederichs.

Mauz, Gerhard. 1991. *Die Justiz vor Gericht*. 2. Aufl. München: Bertelsmann Verlag.

Moser, Tilmann. 1969. *Gespräche mit Eingeschlossenen*. Frankfurt a. M.: Edition Suhrkamp

Müller, Andreas. 2013. *Schluss mit der Sozialromantik – Ein Jugendrichter zieht Bilanz*. 4. Aufl. Freiburg: Herder Taschenbuch.

Müller, Ingo. 1980. *Rechtsstaat und Strafverfahren*. Frankfurt a. M.: Europäische Verlagsanstalt.

Müller, Ingo. 2014. *Furchtbare Juristen. Die unbewältigte Vergangenheit unserer Justiz*. 7. Aufl. Berlin: Edition Tiamat.

Sling (Paul Schlesinger). 1977. *Richter und Gerichtete, Gerichtsreportagen aus den zwanziger Jahren*. München: DTV-Verlag.

Tucholsky, Kurt. 1970. *Politische Justiz*. Hamburg: Rowohlt Taschenbuch (rororo).

© Springer Fachmedien Wiesbaden GmbH, ein Teil von Springer Nature 2019
A. Lüthke und I. Müller, *Strafjustiz für Nicht-Juristen*,
https://doi.org/10.1007/978-3-658-24227-5

Druck:
Canon Deutschland Business Services GmbH
im Auftrag der KNV-Gruppe
Ferdinand-Jühlke-Str. 7
99095 Erfurt